U0676673

# 这里是辽宁

This is Liaoning

文体旅丛书

山海有情 天辽地宁

# 风 物

李轻松◎著

春风文艺出版社
·沈阳·

图书在版编目（CIP）数据

风物 / 李轻松著. —沈阳：春风文艺出版社，
2025.2
（"山海有情 天辽地宁"文体旅丛书）
ISBN 978 - 7 - 5313 - 6652 - 2

Ⅰ. ①风… Ⅱ. ①李… Ⅲ. ①土特产品—介绍—辽宁
Ⅳ. ①F762.7

中国国家版本馆CIP数据核字（2024）第038866号

春风文艺出版社出版发行

沈阳市和平区十一纬路25号　邮编：110003

辽宁新华印务有限公司印刷

| | | | |
|---|---|---|---|
| 责任编辑：姚宏越 | | 助理编辑：余　丹 | |
| 责任校对：陈　杰 | | 内文摄影：王舜天　李曙光　刘国军 | |
| 封面设计：黄　宇 | | 幅面尺寸：138mm × 207mm | |
| 字　　数：180千字 | | 印　　张：6.75 | |
| 版　　次：2025年2月第1版 | | 印　　次：2025年2月第1次 | |
| 书　　号：ISBN 978-7-5313-6652-2 | | | |
| 定　　价：60.00元 | | | |

版权专有　侵权必究　举报电话：024-23284292
如有质量问题，请拨打电话：024-23284384

# 无尽的人地关系（代序）

近代地理学奠基人亚历山大·冯·洪堡认为，人是地球这个自然统一体的一部分。此观点随即让"人地关系"成为一个科学论题，也教给我们认识世界的方法。首先看地理，知吾所在；然后看人文，知吾是谁。

打开中国地图，或背负青天朝下看，东北有三省，辽宁距中原最近。南濒蔚蓝大海，北接东北平原，东有千山逶迤，西有医巫闾苍然，境内更兼辽、浑、太三河纵横。语曰：山川能说，可以为大夫。如此天辽地宁者，大夫不说，则愧对大自然所赐。

一方水土，藏一方文化。

看辽宁文化，需要回望1.2亿至2亿年前的辽西。深埋地下的热河生物群，几乎囊括了中生代向新生代过渡的所有生物门类。我们正是在那些化石上，看到了第一只鸟飞起的姿态，看到了第一朵花盛开的样子，看到了正在游动的狼鳍鱼瞬间定格之美。也正因为如此，辽西成为20世纪全球最重要的古生物发现地之一，被誉为世界级化石宝库。看辽宁文化，更要回望古代先民在辽宁现身时那一道道照亮天穹的光。28万年前的金牛山人，25万年前的庙后山人，7万年前的鸽子洞人，1.7万年前的古龙山人，7000年前的新乐人和小珠山人，绳绳不绝，你追我赶，从旧石器时代走到新石器时代。当然，他们都只是演出前的垫场，千呼万唤中，大幕拉开，真正的主角是红山人。在辽西牛河梁上，我们看见了5000年前的女神庙和积石冢，还有那座巨大的祭坛。众流之汇海，万壑之朝宗，职方所掌，朗若列眉，从那一天开始，潺潺千古的大辽河便以中华文明三源之一，镌刻于历史之碑。

一方水土，写一方历史。

其一，辽宁在中原与草原之间，写中国边疆史，辽宁占重要一席。东北土著有东胡、濊貊、肃慎三大族系。东胡族系以游牧为生，慕容鲜卑让朝阳成为三燕古都，契丹把长城修到辽东半岛蜂腰处，蒙古大将木华黎则让辽宁乃至整个辽东成为自己的封地。濊貊族系以农业为生，前有扶余，后有高句丽，从东周到隋唐，各领风骚700年，一座五女山城，更是让居后者高句丽在辽东刷足了存在感。肃慎族系以渔猎为生，从黑水到白山，从生女真到熟女真，渤海将辽东山地大部划入其境，女真通过海上之盟与宋联手灭辽，然后把辽宁当成入主中原的跳板，满族则以赫图阿拉、关外三陵和沈阳故宫，宣布辽宁为祖宗发祥之地。其二，汉以前，中原文化对东北有两次重量级输入，一次是箕子东迁，一次是燕国东扩。汉以后，灭卫氏朝鲜设四郡，灭高句丽设安东都护府，中原大军总是水路与陆路并进，辽宁始终站在一条历史的过道上，要么看楼船将军来征讨，要么看忽报呼韩来纳款，坐看夷地成中华，阅尽沉浮与兴衰。其三，近代史从海上开始，渤海海峡被英国人称为东方的直布罗陀，旅顺口则被英国人改叫亚瑟港，牛庄和大连湾更是先后变成英俄两国开埠的商港，震惊中外的甲午战争、日俄战争、九一八事变，让辽宁成为举世瞩目的焦点，于是，在辽宁就有了东北抗联，就有了《义勇军进行曲》，就有了辽沈战役，就有了抗美援朝保家卫国。历史一页页翻过，页页惊心动魄。

一方水土，生一方物产。

最天然者，一谓矿藏，二谓鱼盐。那些被电光石火熔化挤扁的物质沉睡地层亿万年，它们见过侏罗纪恐龙如何成为巨无霸，见过白垩纪小行星怎样撞击地球，也见过喜马拉雅运动和第四纪冰河。千淘万漉虽辛苦，吹尽狂沙始到金。于是，我们看到了，辽东有岫玉，辽西有玛瑙，抚顺有煤精，鞍山有铁石，盘锦虽是南大荒，地上有芦苇，地下有油田。更何况，北纬39度是一个寒暑交错的纬度，也是一个富裕而神秘的黄金纬度，在这个纬度上有诸多世界名城，它们是北京、纽约、罗马、波尔多、马德里，当然还有大连和丹东；在这个纬度上，有美丽而神奇的自然风景，它们是塔克拉玛干沙漠、库布其沙漠、青海湖、日本海、里海、地中海、爱琴海，当然还有环绕辽东半岛的渤海和黄海。公元前300年的"辽东之煮"，曾助燕一举登上战国七雄榜，而距今3000年前的以盐渍鱼现场，在大连湾北岸的大嘴子。迄至近世，更有貔子窝和复州湾走上前台，令大连海盐成为国家地理标志性产品。而大连海参，就是冠绝大江南北的辽参；大连鲍鱼，就是摆在尼克松访华国宴上的那道硬菜；丹东大黄蚬、庄河杂色蛤，则是黄海岸亚洲最大蚬子库的一个缩影。此外，还有营口海蜇、营口对虾、盘锦河蟹。辽河与辽东湾，你中有我，我中有你，方有奥秘杰作。最生态者，一谓瓜果，二谓枣栗。大连苹果、大连樱桃、桓仁山参、东港草莓、丹东板栗、黑山花生、朝阳大枣和小米、绥中白梨和鞍山南果梨，还有铁岭榛子、北票荆条蜜、抚顺哈什蚂、清原马鹿茸……物之丰，产之饶，盖因幅员之广袤，蕴含之宏富，土地之吐哺，人民之勤勉。

　　一方水土，养一方风俗。

古人曰：千里不同风，百里不同俗。古人又曰：历世相沿谓之风，群居相染谓之俗。古代辽宁，在农耕文明与游牧文明交互地带；近现代辽宁，在东方文明与西方文明对接地带。于是，土著文化、移民文化、外来文化在大混血之后，走向了融合与多元。于是，这个文化以其边缘性、异质性、冒险性，既穿行于民间，也流布于市井。在时光中沉淀过后，变成了锅灶上的美食，变成了村头巷尾的戏台，变成了手艺人的绝活儿，变成了过年过节的礼仪和讲究。最有辨识度的辽宁美食，在沈阳有满汉全席、老边饺子、马家烧麦、苏家屯大冷面；在大连有海味全家福、海菜包子、炸虾片、炒焖子；在鞍山有海城馅饼、台安炖大鹅；在抚顺有满族八碟八碗；在本溪有蝲蛄豆腐；在丹东有炒米糁子；在锦州有沟帮子熏鸡；在阜新有彰武手把羊肉。最具代表性的民间艺术，在沈阳有辽宁鼓乐、沈阳评剧、东北大鼓；在大连有复州皮影戏、长海号子、金州龙舞；在鞍山有海城高跷、岫岩玉雕；在抚顺有煤精雕刻、地秧歌；在本溪有桓仁盘炕技艺；在锦州有辽西太平鼓；在盘锦有古渔雁民间故事。最原真的民族风情，以满族、蒙古族、回族、朝鲜族、锡伯族为序，在辽宁有五个系列。若要下场体验，可以去看抚顺新宾满族老街、本溪同江峪满族风情街；可以去看阜新蒙古贞庄园、北票尹湛纳希纪念馆；可以去看沈阳西关回族美食街；可以去看沈阳西塔朝鲜族风情街、铁岭辽北朝鲜族民俗街；可以去看沈阳锡伯族家庙、锡伯族博物馆。民俗之复兴，是本土文化觉醒的重要标志，风情之淳朴，是本土文明的真正升华。

一方水土，扬一方威名。

近代世界，海陆交通，舟车四达，虽长途万里，须臾可至。当代世界，地球是平的，都会名城，同属一村，经济文化，共存一炉。辽宁是工业大省，前有近代工业遗产，后创当代工业传奇，写中国工业编年史，辽宁是不可或缺的重要一章。尤其是当代，辽宁既是名副其实的共和国长子，也是领跑共和国工业的火车头。沈阳铁西区，已经成为"露天的中国工业博物馆"。旅顺大坞、中船重工、大连港、大机车，已经以"辽宁舰"为新的起点，让现在告诉未来。鞍山钢铁厂、抚顺西露天矿、本溪湖煤铁公司、营口造纸厂、阜新煤炭工业遗产群，则用会当水击三千里的底气，托起辽宁工业腾飞的翅膀。辽宁是文博大省，行旅之游览，风人之歌咏，必以文化加持，而最好的载体，就是深沉持重的文博机构。辽宁在关外，文化积淀虽比不上周秦汉唐之西安，比不上六朝古都之南京，比不上金元明清之北京，却因地域之独特，而拥有不一样的出土，不一样的珍藏。而所有的不一样，都展陈在历史的橱窗里。既然不能以舌代笔，亦不能以笔代物，那就去博物馆吧。文物是历史的活化石，正因为有辽宁省博物馆、辽宁古生物博物馆、大连自然博物馆、旅顺博物馆、朝阳博物馆以及朝阳鸟化石国家地质公园等等，辽宁人确切地知道自己是谁，究竟从哪里来，因而对这方土地保持了永远的敬畏与敬意。辽宁也是体育大省，因为有四季分明的北方阳光，因为有籽粒饱满的北方米麦，也因为具备放达乐观的北方性格，辽宁人的运动天赋几乎是与生俱来。所以，田径场上，就跑出了"东方神鹿"王军霞；足球场上，就踢出了神话般的辽宁队、大连队；奥运会上，更有14个项目获得过冠军。最吸睛的，当然是足、篮、排三大球，虽然没有走向世界，但在中国赛场上，只要辽宁队亮相，就会满场嗨翻。看辽宁人的血性，辽宁人的信仰，就去比赛场上看辽宁队。

当今中国，旅游经济已经走过三个时代，这三个时代分别是观光时代、休闲时代、大旅游时代。观光时代，以旅行社、饭店、景区为主，最多逛逛商业街，买买纪念品，完成的只是到此一游。休闲时代，以行、游、住、食、购、娱为主，于是催生了"印象系列""千古情系列""山水经典"系列，也只不过多了几个卖点。如今已是大旅游时代，特点是旅游资源无限制，旅游行为无框架，旅游体验无穷尽，旅游消费无止境。就是说，考验一个地方有没有文化实力的时候到了，所谓大旅游时代，就是要把一个资源，变成一个故事，一个世界，一个异境，然后让旅游者蜂拥而至，让这个资源成为永动机，让情景地成为去了再去、屡见屡鲜的经典。

正因为如此，有了这套"山海有情 天辽地宁"文体旅丛书，梳理辽宁文体旅谱系，整合山水人文资源，献给这个方兴未艾的大旅游时代。

素　素

2025年1月于大连

# 目录

**一夏冰爽一生情**

——沈阳雪花啤酒 1

**龙吐天浆酒中味**

——沈阳老龙口 8

**海产之王，"参"情款款**

——大连海参 14

**小巧玲珑，盈盈欲滴**

——大连樱桃 22

**至鲜至味，唯我独尊**

——大连鲍鱼 28

**绿色滑菇，岫岩之秀**

——岫岩滑子蘑 36

**南果梨香，香飘十里**

——鞍山南果梨 42

**山水画卷里的绿色精灵**

——抚顺哈什蚂 46

**高山之宝，茸品之首**

——清原马鹿茸 51

**自然之光，珠圆玉润**

——抚顺琥珀 57

**最美桓仁，醉美冰酒**

——桓仁冰酒 62

**百草之王，中药之美**

——桓仁山参 70

**世有珍果，鲜艳欲滴**

——东港草莓 77

**豆里乾坤大，纸间日月长**

——锦州干豆腐 84

**一粒花生里的金山银山**

——黑山花生 91

**茫茫盐碱地，千里稻花香**

——盘锦大米 98

**稻田蟹的传奇**

——盘锦河蟹 107

**大自然的馈赠**

——铁岭榛子 115

**荆条花开甜蜜蜜**

——北票荆条蜜 121

辽西的"珍珠玛瑙"

——朝阳大枣 128

桑田万古，小米最补

——朝阳小米 135

梨园仙葩

——绥中白梨 141

海水孕养舌尖味

——营口海蜇 149

美食五味酸为先

——喀左陈醋 157

白玉出岫，自然天成

——岫岩玉 166

玛瑙原乡，美不胜收

——阜新玛瑙 174

煤之精华，镌刻时光

——抚顺煤精 179

世间珍宝，璀璨如初

——本溪辽砚 188

# 一夏冰爽一生情

## ——沈阳雪花啤酒

　　提起雪花啤酒，很多人都很熟悉，就像熟悉自己的左右手。在沈城，雪花就是啤酒中的神，就是酒文化的象征，就是沈阳这座东北中心城市的最佳代言。

　　高端而近乎完美的水晶工艺让其他同类产品相形见绌，保证了"雪花晶尊"啤酒的尊贵身份，同样，雪花晶尊啤酒带给人们的尊贵

沈阳雪花啤酒

沈阳雪花啤酒发展沿革纪念雕塑

体验也会更美妙。对生活品质的追求，对释放个性的渴望，使潮流不再是空中楼阁，而是消费者追逐高层次生活享受的风向标。从墨绿玻璃瓶身变身为水晶标"晶尊"纯生啤酒，这简直就是跨越了"阶层"，雪花晶尊，既形象又尊贵，把雪花这一品牌的本色效应做到了极致，几乎就是冰清玉洁的极端阐述。雪花晶尊啤酒瓶采用了仿生学理论，设计了具有手握舒适感的造型，亭亭玉立的高肩白瓶轻量刻花，水晶标贴晶莹剔透，祥云环绕图案、金线衬底嵌以神秘黑色印章，每个细节都独具匠心。印章的用途也被延伸，除日常应用外，又可用于书画题款，遂逐渐发展为我国特有的"印"。而今，"印"已成为代表和象征中华民族传统信义、信用、伦理情操德行的标志性符号，古典韵味十足，充满神秘与尊贵感。水晶工艺的使用，更有现代形式感、通透感、晶莹感，餐桌艺术品的魅力夺人心魄，象征着身份与情趣，承载着期盼与追求，更是主人殷殷情谊的自然流露与温润表达！

这款"高科技"的雪花拉维邦黑啤内含一个氮气球，会在你打开瓶盖的一瞬间释放气体，产生丰富的犹如奶油般的纯白细腻的泡沫，标准的黑啤酒，浓烈的烘烤麦芽的气息，加上啤酒花的味道，带有麦芽的黑色，泡沫洁白细腻，挂杯持久，口味醇厚，有着浓郁的焦香味道。优质的黑啤酒，没有过多地采用添加剂发酵，而是采用自然原料发酵，口感更纯正，所以喝起来有着清爽细腻的口感。醇厚的麦芽滋味与清苦的啤酒花味道在嘴里绝妙地融合在一起，微带刺激感的气泡给人带来清爽的口感。

雪花啤酒种类非常丰富，但市面上最受欢迎的还是"勇闯"系列以及"纯生"系列。

沈城人之所以喜欢华润雪花啤酒，大抵跟多年前的老雪花啤酒赋予的怀旧情感息息相关。沈阳啤酒厂是有50多年历史的全国最大

沈阳雪花啤酒

沈阳雪花啤酒

的啤酒厂，对于20世纪五六十年代出生的沈阳人来说，当年生产的"大绿棒子"承载着他们对啤酒的所有情感，并被他们冠以"老雪"的称谓。它不但是一个老品牌，也像是一位老朋友，在岁月的更迭中，不舍情怀，历久弥新。

"老雪"，学名雪花纯生，俗名"夺命12度""闷倒驴""忘情水"。"老雪"，是沈阳人的经典啤酒，它原麦汁浓度11.5，酒精度4.1，容量500毫升，大绿瓶包装。此包装的"老雪"只有在沈阳买得到，外地要买也只能买到罐装的了。

土生土长的沈阳人，一般都会有去附近小卖店换购"老雪"的经历。当时的小卖店只供应"老雪"，而且需要用空酒瓶来换。当年，并不时尚的"大绿棒子"就这样在街头巷尾被人传来传去，传进的是喜悦，传出的是友情。叮叮当当的回响，总是在人的记忆深处留下不可磨灭的印记。计划经济时代，1973年、1974年期间，只有在春节时每户凭票供应三瓶。它在当时成为稀罕物，只有在过年

沈阳雪花啤酒

时或招待客人时才舍得喝上一口。

时间进入市场经济时代，有很深群众基础的"老雪"便成了餐桌上的标配。对于喝啤酒论箱（传说中的"踩箱套喝"）的沈阳人来说，"老雪"就是衡量你酒量高低的存在，你能喝几瓶"老雪"就代表你喝酒的江湖地位。

从华灯初上喝到月上柳梢，越喝越入佳境，越唠越多的是灵魂嗑，所以"老雪"也是沈城人的灵魂酒。有些漂泊外地的人，回来第一件事就是吹瓶"老雪"，外加冰爽香醇的"勇闯天涯"，再有纯生、淡爽，一一登场。在这种情怀的感召下，华润雪花渐渐成为沈阳城的一个符号，成为本地人的一种情结，成为城市底蕴中不可或缺的一部分。

# 龙吐天浆酒中味

## ——沈阳老龙口

悠悠一脉龙潭水，所酿白酒醇厚，酒香荡气回肠。龙潭水的清爽甘洌源于得天独厚的环境和自然条件，老井老水是老沈阳人无法忘怀的老味道。

"老龙口"曾经是中国十大名酒第四名，1992年全国酒产量第二名。沈阳人都知道"老龙口"有三宝：古井、窖池和工艺，颇得酒客赞誉，有"关东第一窖"之美誉。老龙口酒厂历史悠久，创建于1662年（清康熙元年），至今已有340多年历史。

关于老龙口这个名字的来历，有很多说法，其中之一是，老龙口白酒多贡奉清朝廷，曾为康熙、乾隆、嘉庆、道光四帝10次东巡盛京御用贡酒，被称为"朝廷贡酒"。清朝征战时期，曾作为清兵的壮行酒、出征酒，当时流传着"飞觞曾鼓八旗勇"之说。因烧锅地处清朝龙兴之地的"龙城之口"，因而御封得名 "老龙口"。

1662年，山西客商孟子敬来盛京城看望舅舅，见盛京城市面繁华，便买下了小东门外的一块空地，兴建了一家酿酒作坊。在其作坊院内有一口深井，可是井水又苦又涩，不适于酿酒，因为"水是酒的血脉"。恰巧敖公子来访，见这里"东临天柱山，乃长白山之尾脉"。长白山是大清皇室的发祥地，便提议用"万隆泉"做字号，另外此处是盛京城东边口，乃龙口也，就用"老龙口"做牌号。他们又来到那口深井前，敖公子煞有介事地看了看，说道："这明明是口

沈阳老龙口

龙潭水

甜水井嘛！待我舀碗水给你们尝尝。"说完纵身跃入井中，忽闻井中一声巨响，接着一股水柱喷涌而出，直冲云霄，渐渐化作一朵白云，云端立着敖公子，飘飘荡荡地向西北而去。这时，从空中飘下一条缎带，上面写着"东海三太子，辽河小龙王，感恩脱劫难，报以万隆泉"。见到此物，孟子敬才悟出：敖太子乃龙种也，万隆，乃万龙也，其"万隆泉"乃"龙吐天浆"！从此，苦水井变成了甜水井，人称"龙潭水"。

似乎每种名酒都与传说故事相关，老龙口酒也不例外。古井自古有"龙潭水"的美誉，选用好水好粮、踩曲发酵等一系列的工序之后，老龙口浓香出锅，自带回味。闻一闻，便有那酒香扑鼻；喝一口，便有那余味无穷。好的酒自有好水酿造，好的水可遇不可求。

老龙口百年来坚持在原址，采用原井水，保留原有窖池，在原本酒海基础上酿造、贮存，到现在还能保持其最初的口感。而酒厂在博物馆里，博物馆就是座酒厂，原有的厂房、井、技法等都成为人们的记忆，这也是老龙口酒厂奉献给沈城人民的又一酒文化遗产。

如今，老龙口酒厂已经是国家级旅游景区，"酒文化博物馆"珍藏文物300多件，上自清初，下至20世纪初期，时间跨度长达350多年。除了百年酒海、古石磨、早期酒器酒具（陶瓷酒器、青铜酒器、锡酒器等）等，还有清光绪年间记载的老龙口历史真迹资料、已故著名书法家沈延毅的"龙吐天浆"的墨宝、20世纪30年代的"高粱酒老商标"等13件国家三级文物。另外，还有老龙口不同时期的老产品、商标、证书及古代酿酒的各式器具和酿酒所需的各种原料等。

外地人来沈阳，不喝一杯老龙口，就是没有真正来过。好友相

度
夹龙口原浆酒
1提500ml

百

像造敬子孟

沈阳老龙口

沈阳老龙口

聚，闲言少叙，一瓶老龙口摆在桌面，无论是"雕花龙"，还是"青花龙"，都让人感受到这座城市的文化底蕴，在主人的热情洋溢间尽兴挥洒，在客人的优雅品酒间潜滋暗长。一杯老龙口下肚，洗去一路风尘，带来无比轻松和惬意。在这座历史名城，龙的图腾有更多的意味和更深的根基，让人隐隐感受到它的气度不凡。

喝酒的境界分三杯，第一杯是苦的，苦若黄连；第二杯是甜的，甜如爱情；第三杯是淡的，淡如清风。这三种境界也是人生的必由之路，有苦才会有甜，尝过了甘苦之后，才能明月窗前。凡此种种，人生的诸多况味都能在一杯酒里，得到圆满的归宿。

# 海产之王，"参"情款款

## ——大连海参

立冬，大连海参的采捕旺季开始了。寒风已起，吹拂着层层叠叠的海浪，太阳正向南回归线靠近，海水的温度越来越低，而那些海参的捕捞者则一个猛子扎入海中，深时可能要潜入十几米。可以想象，那种冰冷的海水瞬间浸透全身的刺骨冰凉，也可以想象，一个人在幽深的海中追寻着海参身影时的孤独以及捕捞起来时的喜悦。

位于北纬39度的大连，处于地球的寒暑交界线，世界公认最适宜海洋生物生长的纬度。暖温带湿润大陆性季风气候、黄海与渤海的交汇处、陡峭的石质岸、曲折多湾的海岸、密布的岛砣、湍急的水流、全年平均10℃的气温、盐分较高的海水，是底栖贝类（鲍鱼、扇贝等）、鱼类等海洋生物生长繁衍的上佳居所，也造就了营养价值高、味道鲜美的品质顶流——大连海参。

当小小的海参苗在这里安了家，它对海水的要求是极高的。它只吃天然海藻，只睡海底床，只喝纯净海水，不能有半点污染。它不仅冬眠，还夏眠，生长的速度缓慢，有利于它充分地吸收大自然的养分，简直就是天养天泽。它是一种古老的动物，已经存活了6亿年。可以说，在大自然的法则中显示了强大的生存能力，它保护自己的本领也堪称一绝。

海参是适应环境的高手，是一种拟态动物。它会随着周围生长环境的不同而改变体色。比如它在岩礁附近，就变为棕色或深褐色；

大连海参

葱烧海参

如果居住在海藻、海草中，就变身为墨绿色。这种伪装自己的本领，使它躲避了无数的天敌。海参如果遇到了危险，会立即缩成一团，成为一个小球，而且硬硬的。它还会喷射出一种保护液，这液体实在不是什么利器之类，而是自己的五脏六腑。说到这里，你是不是觉得惊讶，这难道不是自杀式自卫吗？还真不是。这些体液里不仅有它的内脏，还有它延续后代的卵。没有内脏的海参会在50天之后重新长出内脏，而那些卵会孵化出更多的小海参。它就是借助排脏时产生的反冲力，逃得无影无踪。

世间流行说法是：世界海参看中国，中国海参看大连。那么大连海参为什么好呢？以下几个关键词足以说明：冷水域，野生，肉厚，慢生长，多刺，坚硬，韧性好。大连独特的地理环境、优质的海洋资源为优质海参的生长繁育提供了理想的港湾。黄海的海岸十分陡峭，南北冷暖水流交汇，海流湍急，形成水交换频繁、水质清新优质、自净能力较高的水环境。海参就像个勇于经历大风大浪的孩子一样，不畏风浪，处于运动状态，营养积累充分，造就了健壮的体魄。同时，刺参属寒温带品种，摄食量少，休眠多，再加上大连的海参基本都是深海野生播种，采用自然放养模式，养殖密度低、生长周期长、产量低、水压大，形成弹性紧致的口感，才成就了大连海参的优良品质。

海参被称为"海八珍"之一，与燕窝、鲍鱼、鱼翅齐名，是大雅之堂上最引人注目的角色，也被东北人称为"硬菜"。如果招待尊贵的客人，缺少这道硬菜，就如同缺少灵魂一样。据《本草纲目拾遗》中记载："海参，味甘咸，补肾经，益精髓，摄小便，壮阳疗痿，其性温补，足敌人参，故名曰海参。"海参肉质软嫩，营养丰富，是典型的高蛋白、低脂肪食物，滋味腴美，风味高雅，是久负盛名的名馔佳肴。也有《清稗类钞》载："海参，以奉天（今辽宁省）者为最，色黑多刺，名辽参。"

　　海参的吃法也是多种多样，蒸鸡蛋糕时用褐色的海参点缀，看一眼就很高级。金汤薏米海参盅鲜香营养，扒海参入口入味，海参与鹌鹑的奇妙组合又鲜又嫩、烂而不柴，清炖海参清淡可口，海参炖鸡汤大补，等等。而著名的辽菜中"燕、翅、鲍、参"四大天王名扬天下，其中的"参"也成就了辽菜在饮食江湖上的地位与美誉。其中以"葱爆辽参"最负盛名，汤汁完全浸入海参，咸口香滑，伴着浓郁的葱香，比较适合北方人的口味。这道菜也是"鹿鸣春"饭店的当家菜，它将两道食材融合得炉火纯青，海参香滑，葱香浓郁，二者互相入味，妙不可言。辽菜中最受追捧的是红烧辽参和辽参小米粥，尤其是黑色海参配上金黄的小米粥，色彩鲜艳，口感极佳，是女性滋补的佳品。所以，辽参在辽宁人的心目中，有着不可撼动的"海八珍"之首的地位，营养价值极高。

海参小米粥

# 小巧玲珑，盈盈欲滴

## ——大连樱桃

每年刚刚入夏，街头巷尾便很快被红红的大樱桃占据。大连樱桃，占尽了天时地利，优越的地理位置和适宜的气候条件，让大连产的樱桃个个红润饱满、色泽鲜丽、汁液充盈、甜度适中。近些年随着种植技术的改进，就算到了冬季依然可以吃到新鲜的樱桃，尤其是现代物流体系的建立，使得相隔万水千山依然能充分满足人们一年四季的"樱桃自由"。

大连樱桃品种繁多，经过多年的培育，已经形成了品牌效应，主要分为"美早""黑玫瑰""红灯""红蜜""最上锦""巨红1338""安波大樱桃""金州大樱桃"。"美早"属温室种植，个头大、外观好、有光泽，吃到口中立刻有生津的感觉，回味绵长。"黑玫瑰"的特点是比"美早"品质更优良、口感更甜、个头大，具备"美早"所有的优点。"红灯"占据着市场销售的最大份额，属陆地樱桃，个头稍小，果肉软硬适中，备受广大消费者喜爱。"红蜜"红黄相间，观赏性很强，在一片红色中更显其独特。"最上锦"属日本"锦"系列樱桃中最好的品种，也是红与黄搭配，很艳的红与柠檬色的黄，红得纯正、黄得朦胧，看起来红黄相宜。"巨红1338"来自加拿大，是樱桃中口感较好的品种之一，颜色红黄相间，非常漂亮。

大连樱桃在-1~1℃的条件下可以贮藏30~40天。樱桃也可以榨成汁、做成酱、晒成脯，而樱桃罐头则被誉为果中珍品。在东北，

大连樱桃

大连樱桃

大连樱桃

几乎每个小孩都吃过各种水果罐头。将上好的樱桃去掉根蒂，洗净，加入冰糖煮好，放进干净瓶子里，凉后放入冰箱冷藏。尤其是在盛夏，满头是汗地回到家，吃一口冰冰凉的樱桃罐头，一股清凉顿时涌遍全身……但最难忘的记忆依然是一家人围坐在一起，一盆大樱桃洗好摆在桌上，个个饱满晶莹，鲜艳夺目，咬一口，果肉柔软，满嘴的汁液，回味无穷。

# 至鲜至味，唯我独尊

## ——大连鲍鱼

  大连鲍鱼，被誉为中国国家地理标志产品。大连产的皱纹盘鲍俗称"四孔鲍"和"鲍鱼"，是鲍科中的优质品种，有"海味之冠""餐桌上的软黄金"的美誉，自古以来就是"海八珍"之一。

  鲍鱼以大连产为最佳，当然是好水产好鲍。鲍鱼喜欢生活在水质透明度较高、底层营养丰富的岩礁带。而大连正好以温和的气候、充足的饵料、众多的岛屿，满足了鲍鱼栖息和繁衍的条件。

  鲍鱼不是鱼，而是一种单壳类软体动物。它的身体外包裹着一个厚厚的石灰质贝壳，右旋的螺形，呈耳状，叫作"海耳"。在水流湍急的岩礁带上，海藻繁密，食物众多。鲍鱼攀附在岩角，爬匐于岩礁缝隙或洞中，大鲍喜欢隐于十多米的深处，小鲍则在低潮线附近。它们喜欢昼伏夜出，天一黑就慢慢活动起来。它们爬行时，足部全部伸展，外套膜裂缝上的触手自壳孔伸出，速度每分钟可达50厘米。鲍鱼还记得归途，归巢是它的习惯。所以，在岩缝里，在洞穴里，它们夜深人静时，外出觅食；天光熹微时又自觉返回洞穴中，蛰伏不动。

  鲍鱼喜欢吃褐藻或红藻，像盘大鲍很喜欢吃裙带菜、幼嫩的海带和马尾藻等。它的食量当然与动静相关，水温较高活动量较大时，当然在消耗能量，所以吃得就相对较多。而到了冬天，水温下降，能量消耗较小，其食量也相对减少。鲍鱼虽然也把头缩进壳里，看

大连鲍鱼

砂锅鲍鱼

似不动，其实保持着灵敏的嗅觉，只要嗅到食物的气味就会迅速地出击，伸出下足前端的两叶，抱合食物。

鲍鱼古称"鳆鱼"，又有"镜面鱼""九孔螺""明目鱼"等别名。春秋时期一个齐国大夫叫鲍叔牙，他就是"管鲍之交"这个成语典故里的主人公。他称人生有两大快事："一为食盾鱼，二为饮玲珑。"而盾鱼，因鲍叔牙爱吃，后被称为鲍鱼，也成了"鲍鱼"名字的由来。

苏东坡作为美食家，对食物的感受可谓独到，他在品尝了鲍鱼之后也禁不住在《鳆鱼行》中赞道："膳夫善治荐华堂，坐会雕俎生辉光。肉芝石耳不足数，醋笔鱼皮真倚墙。"什么意思呢？就是说世上美食，只要品尝过鲍鱼之后，一切珍肴都不过是云烟了，可见他对鲍鱼的评价之高。其实，中国食用鲍鱼的历史之久，在《史记》中就有记载，称鲍鱼为"珍肴美味"。《汉书·王莽传》也有"王莽事将败，悉不下饭，唯饮酒，啖鲍鱼肝"，讲的是王莽食不甘味，只有鲍鱼与酒才聊可慰藉。鲍鱼在明清时期被列为"八珍"之一，作为达官贵人宴菜的首席大放异彩。到了民国初年，两道名菜红烧鲍鱼和蚝油鲍鱼成为北京著名的谭家菜馆的招牌菜，将中国千年的烹饪做到了炉火纯青，令人赞叹。一盘红烧鲍鱼，浓稠的汁，金黄色的鲍，佐以青翠的蔬菜搭配，看着就让人大饱眼福，更何况是那筋道的口感、满口的鲜香！而鲍鱼以干鲍为佳，经过风干，其味道更加鲜美，肉质醇厚，营养价值更高，吃起来有肉的润滑、爽口的嚼劲，满口鲜香，令人忍不住大快朵颐，啧啧赞叹。

鲍鱼之所以成为清廷宫宴的珍品，与一场战斗有关。据传，清圣祖康熙帝御驾亲征噶尔丹，大捷，在庆功宴上笑道："朕御驾亲征，多得各位卿家臂助，故赏每人'御膳亲蒸'鲍鱼一只。"众人大快。自此鲍鱼慢慢发展成皇宫"全鲍宴"，同时也是沿海各地官员朝

烤鲍鱼

清蒸鲍鱼

见时的进贡礼物。一品官吏进贡一头鲍，七品官吏进贡七头鲍，依此类推。

大连鲍鱼品质上乘，历来是非官即富者才能品尝的美味佳肴，在中国传统菜肴中有着"唯我独尊"的地位。现在，随着人民生活水平的提高，它也被端上了平常百姓的餐桌。鲍鱼有多种吃法。首先，清蒸最简单、最营养，不放任何调料，保持原汁原味，味道鲜美。近年随着烧烤的流行，烤鲍鱼日渐受到食客喜爱。将新鲜的鲍鱼放在烤箱或烤架上烤炙，再放上"老干妈"或蒜泥等，鲍鱼经过烟火烧烤散发出特殊的香气，口感独特。而鲍鱼炖汤更是营养丰富，一般都是在鸡汤里加上鲍鱼，炖出来的汤浓稠味足，鲍鱼的口感也分外有弹性。还有鲍鱼海鲜粥也是大补之品，将鲍鱼与米煮在一起，熬到黏稠，让鲍鱼与米充分融合，喝一口，能一直舒服到骨头里。老人、孩子、坐月子的妇女、生病的人，都以鲍鱼粥或鲍鱼汤来滋补身体，强筋壮骨，以增强免疫力，提高机体抵抗力。

# 绿色滑菇，岫岩之秀

## ——岫岩滑子蘑

在岫岩满族自治县的山野乡间，栽培着大量的滑子蘑，也称为滑菇，是食用菌类的一种。远远望去，滑子蘑一堆堆一片片，黄的伞白的柄，色彩艳丽，煞是可爱。岫岩县地处辽东半岛北部腹地，良好的生态环境适合滑子蘑的生长。全县以棕壤土为主，土壤pH值在4.26~8.2之间，肥力好，富含有机质和全氮、有效磷、有效钾。再说河流，岫岩县境内有500多条大小河流，水量丰沛，汇集形成大洋河水系，另外还有小洋河、大沙河两条外流河流。丰富的水资源及清澈纯净的水质为滑子蘑提供了丰厚滋养。岫岩县四季分明，属北温带湿润地区季风气候。当春季来临，万物复苏，光照充分，年平均日照时数2355小时。菌农一般都在2月接种，9月出菇。那么漫长的夏季因为湿热多雨，高温天气不适合滑子菇生长，所以它要休眠200多天，直到秋风送爽，温度降至22℃以下，才会出菇。

滑子蘑自从20世纪70年代从日本引进后，迅速地在岫岩山野扎下根来，并成为当地发展经济的主要项目，年产量占全国总产量的55%，出口量占全国的70%。1998年，岫岩县被中国食用菌协会授予"中国滑菇第一县"称号。

得天独厚的自然优势，加上栽培技术的不断创新，使岫岩滑子蘑得到快速发展。它不仅形状美观、个头均匀，而且口感爽滑脆嫩、菌肉丰厚、口感丝滑，备受食客青睐。

岫岩滑子蘑

滑子蘑小炒

清炒滑子蘑

与其他菌类相比，岫岩滑子蘑属实体丛生，菌褶细密，菌伞呈半圆形，颜色呈深褐或淡黄。它的表面有一层光滑且透明的黏液，状如蛋清。正是这层黏液，不仅使这种菇得到命名，还有抑制肿瘤的作用。这种菌类有多种氨基酸，富含蛋白质、铁、钙等人体必需的营养成分，是绿色健康的食品之一。

　　滑子蘑的吃法很多，每一种都自带风味。清炒滑子蘑、小白菜炒滑子蘑、滑菇嫩豆腐、豌豆炒滑子蘑，清淡爽口；鸡片滑子蘑、猪肉片滑子蘑、牛肉滑子蘑，肉香蘑润；滑子蘑牡蛎豆腐羹、滑子蘑海螺汤、滑菇鸡汤、滑菇牛肉羹，口口生香。当然，最家常、最受欢迎的还是滑子蘑土豆片，二者相得益彰，实乃绝佳搭配。

# 南果梨香，香飘十里

## ——鞍山南果梨

提起梨，新疆库尔勒香梨、山西贡梨及原产于日本的水晶梨堪称是梨中珍品，以其优良的品质、独特的口感赢得应有的声誉。但在中国鞍山，也有一种梨叫南果梨，被称为"梨中之王"，完全可以与上述三种梨相媲美。

每年的"十一"左右，是南果梨大量上市的季节，满街满巷都弥漫着南果梨的香气，沁人心脾。它最特殊的地方是熟透之后，果肉会自然发酵，味道里有淡淡酒香，好像一壶陈年好酒，光闻就足以让人沉醉了。卖梨的老板不用吆喝，好梨不用喊，自有人上门。辽宁人买南果梨一般都是一箱，挑那些捏起来稍硬的梨，放上几天，待到一捏有些软的时候再吃。只要家里有南果梨，连空气都是香的，会感觉果香盈满的生活是那么惬意。当梨软硬适中，咬一口满口香溢，口齿生津，那种甜会一下子渗透到骨子里去，连眼神都仿佛被香透了。如果要回家看看老人，或去拜访朋友，拿一盒南果梨，既有面子又有里子，别管男女老少，人人都爱。

南果梨果皮中厚，有韧性，表面并不光鲜，但只要熟透了，那皮是可以掀下来的。是的，看起来，南果梨并非有什么特殊之处，它黄里透着绿，阳面上带着小姑娘般羞涩的红晕，咬开后，果肉是乳白色的，口感十分细腻绵软，汁液满溢，透着特有的清香。

南果梨含各种微量元素，达37种之多。其中锌、铁、钾、钙、

鞍山南果梨

鞍山南果梨

粗蛋白、粗纤维、粗脂肪、赖氨酸、可溶性糖的含量均高于其他水果，尤其是花色素苷，使南果梨具有抗氧化、防治心血管疾病等重要功能。南果梨还有降血压、清热镇凉、润肺、消痰、清热、解毒等功效，越来越受到人们的喜爱。

有关南果梨的起源众说纷纭，但公认的主产区为中国辽宁省的鞍山海城、岫岩及辽阳地区。而最早的一棵南果梨树，就生长在大孤山镇的对桩石村。

关于这棵祖树有这样的记载：

清光绪二十年仲秋某日，村里老人高永庆行至北坡，突闻奇香。老人寻觅至一棵碗口粗的梨树下，只见落果满地，黄里透红。老人捡起一枚果实一尝，顿感清香沁入心肺，回味无穷。高永庆托女婿把梨带到辽阳请人辨认，梨客们对该梨味道赞不绝口，赞誉此果味具南方诸果之长，遂给此果定名为南果。

给一棵梨树"树碑立传"，是为表达对这棵树的崇敬。1987年，镇政府以碧瓦青砖的院落将这棵"祖宗树"圈起来加以保护，使之永远根深叶茂。这棵梨树的新芽儿从已经干枯的主干上又抽出，生生不息。自发现祖树迄今已有100多年历史，经近百年人工嫁接和繁衍，南果梨已经成为海城地区特有产品，名扬海内外。

# 山水画卷里的绿色精灵

## ——抚顺哈什蚂

在长白山脉向辽河平原的过渡地带，山多林密，溪流淙淙，有无边无际的阔叶林和针阔混合林。这里有湿润的空气、潮湿的土壤、丰沛的水源和大片的森林，形成了一种特殊的地理环境：两山夹一沟，到处都活跃着哈什蚂的身影。

这就是辽宁抚顺地区，抚顺市下属的新宾、清原满族自治县及抚顺县，优越的自然条件，为哈什蚂提供了繁衍的家园。哈什蚂是满语，也叫林蛙。它们上山下山，随季节变换生活区域，在林中草丛、河流池塘栖息，其行动敏捷，跳跃力强，主要捕食昆虫及其他小动物，是典型的水陆两栖动物。它们的生长轨迹可以这样追溯：蝌蚪生活在水中，幼蛙及成蛙生活在森林中，成蛙在冬季休眠时又回到水中……

从哈什蚂的活动规律可以看出，它相对耐寒，以繁殖期、陆地生活期和冬眠期来完成它的一生旅途。

每年的4~5月，河水解冻，冰雪融化，山沟里水流盈满，哈什蚂即解除冬眠。当第一场春雨在清明前后降下，大批哈什蚂会在雨夜上岸，在小池塘或水泡子中抱对、产卵。产卵后，雌雄成蛙很快离开产卵的水域，附近的田地、山地、林间等处，潮湿松软的土层、石块、树根及枯枝落叶下，都是它们生殖休眠的家园。直到温度上升到10℃左右时，哈什蚂陆续苏醒，开始陆地生活。

抚顺哈什蚂

从5月初开始至9月末或10月初,在长达5个月的时间里,哈什蚂进入森林开始陆栖生活。它们会选择离越冬地不远的潮湿环境,如山林背坡处,坡度封闭较大、枯枝落叶层厚、阔叶林和针阔混交林形成的三层植被遮阴处。森林生活期,充足的营养,优良的环境,使哈什蚂机警活泼,跳跃频繁,此时期是它们最主要的生长发育期。当9月开始降温变冷,降至15℃以下时,哈什蚂开始下山,移到沟谷及河流两岸的森林草丛,甚至附近农田中。当气温降至10℃左右,哈什蚂即陆续入水冬眠。

从9月下旬至翌年4月,长达6个月之久,是哈什蚂的冬眠期。它们不食不动,在水流相对平稳、深水区的转弯处,处于麻痹状态。

享有"绿色软黄金"美誉的抚顺哈什蚂,浑身都是宝,有着肉质细嫩、口味鲜美、营养价值高的特点,既可以药用,又兼有滋补和食疗作用,可养肺滋阴、治虚痨咳嗽。哈什蚂与飞龙、熊掌、

抚顺哈什蚂

红枣炖哈什蟆

猴头并列为中国四大珍品。清蒸哈什蚂主料为哈什蚂油，蛙油为林蛙之精华，据清史《辽海丛书》记载："哈士蟆形似田鸡，腹有油如粉，可做羹，味极美，唯兴京一带（抚顺东部区清原、新宾）有之，又称红肚蛤蟆；先人用其祭祖，后成为宫廷贡品，被誉为八珍之首。"

抚顺哈什蚂油含有人体必需的4种激素、9种维生素、13种微量元素和18种氨基酸，具有抗疲劳和增强机体免疫力等十大功效。哈什蚂油是雌蛙输卵管干品，与高等动物的胎盘一样，有极高的营养价值和药用价值。中医以哈什蚂整体或输卵管入药，其味甘咸，性平，稍腥，有滑腻感，具有益精补肾、滋阴养颜、健脑润肺、延缓衰老、增强人体免疫力之功效。

宋代苏颂的《本草图经》和明代李时珍的《本草纲目》中均记载了抚顺哈什蚂的营养与药用价值。到明清时期，哈什蚂油药材已成为名贵的滋补珍品，"八珍之首"开始广为流传，但那时这种珍贵的补品只有达官贵人才能享用。到了20世纪80年代，抚顺市政府大力推广人工养殖技术，大规模人工养殖的哈什蚂得到普及，哈什蚂这种珍品从山野林间走向民间，造福于寻常百姓。

# 高山之宝，茸品之首

## ——清原马鹿茸

　　提起鹿，我们最熟悉的就是梅花鹿了，它可谓世间最有灵性的动物，以其灵巧、温驯、清秀深受人们喜爱。但人们并不熟悉马鹿。马鹿，俗名八叉鹿、黄臀赤鹿、红鹿、赤鹿，偶蹄目，鹿科，是仅次于驼鹿的大型鹿类，因为体形似骏马而得名。下面让我们一起来认识一下马鹿吧！

　　"马鹿体形较大，体重200千克左右，体长超过2米，身高约1

清原马鹿茸

清原马鹿茸

清原马鹿茸

米。肩部与臀部高度相同。耳大，圆锥形。颈及四肢较长，尾短，蹄大。雌马鹿无角，雄马鹿有角。角卜较长，眉叉斜向前伸，与主干成直角，稍向后倾斜，并略向内弯，第二叉起点紧靠眉叉。冬毛厚密，灰棕色，颈部与体背稍带黄褐色，由额部沿背中线到体后有一黑色条纹，嘴、下颌深棕色，颊棕色，额棕色，耳黄褐色，耳内毛白色，臀部具有一黄褐色大斑。四肢外侧棕色，内侧较淡。夏毛较短，一般为赤褐色。"再看马鹿走路，雄赳赳气昂昂的，颇有骏马的气派！马鹿似乎永远高昂着它的头颅，有着不可一世的骄傲，完全颠覆了我们对鹿的认知。但它的珍贵之处并不是要与梅花鹿比秀气、比可爱，而是比梅花鹿的茸量多得多，也完全不是人们戏说的"傻大个儿"。

清原马鹿是抚顺地区历经30年选育出来的马鹿新品种，实现了世界首次人工系统培育高产鹿茸品种、以鹿茸群体单产居世界之首的突破，具有鹿茸枝头大、肥嫩、根细、上嘴头粗等优点。

清原马鹿茸根细上粗的特点，使其优质率大大提高，质量得到了保障。鹿茸有上、中、下三段，茸的有效成分均在上段，因此清原马鹿具备了品质最好的优点，成为茸品中的上乘。

辽宁省抚顺市地处长白山余脉，呈东南高、西北低之势，市区位于浑河冲积平原上，三面环山，浑河横贯境内。鹿茸的生长需要特殊的地理气候条件，而抚顺的北温带季风性大陆气候，四季分明，降水量充足，土壤肥沃，野生植物种类繁多，阔叶林比重较大，尤以柞树面积最大，充分满足了马鹿的繁衍和鹿茸的快速生长所需的环境要素与营养摄取。

抚顺鹿业养殖已有超过百年的历史，而马鹿养殖却是从20世纪70年代初开始的。新疆伊犁哈萨克自治州特克斯县的天山马鹿被引进抚顺清原县，在各大种畜场、参茸场、林场开展饲养繁育试验。经过十多年的努力，终于在80年代中期培育出更加优良的马鹿新品种。2002年12月15日，经国家畜禽动物品种审定委员会审定，农业部批准其为国家畜禽动物新品种，正式命名为"清原马鹿"。

清原马鹿茸不仅具有极高的营养价值，还可入药。马鹿茸在中药中具有壮肾阳、益精血、强筋骨、调冲任、托疮毒等功效。用于阳痿滑精、宫冷不孕、羸瘦、神疲、畏寒、眩晕、耳鸣耳聋、腰脊冷痛、筋骨痿软、崩漏带下、阴疽不敛等。茸中绝干物质、粗蛋白质、粗灰分、水浸出物都高于其他马鹿品种，尤其是精蛋白质含量达到63.71%。人体所必需的氨基酸含量也明显优于其他马鹿品种。清原马鹿茸的各类矿物质元素含量更接近于人类营养的普遍要求，特别是钙磷之比，清原马鹿茸钙化程度低，茸质较嫩，同人类营养学家强调的人的膳食中钙磷1∶1的比例基本吻合。

如今，抚顺养鹿业蓬勃发展，已经成为抚顺地区农村经济发展的重要支柱产业，进而增加了村民收入，带动了乡村振兴……

# 自然之光，珠圆玉润

## ——抚顺琥珀

    琥珀的形成是一个故事。在新生代古近纪，抚顺属于亚热带气候，冬季温暖湿润，夏季炎热多雨，本区大量繁殖的柏科植物如水杉、红杉、水松等都分泌树脂，是形成琥珀的原始植物，可谓植物繁茂，生机勃勃。树脂分泌滴落后经过流水异地搬运后沉积，或含有树脂的树木死亡后被掩埋沉积，经过漫长的地质时期，树脂失去挥发成分并聚合、固化形成琥珀矿床。如果那树脂恰好滴中一只昆虫，昆虫瞬间凝固其中，便形成昆虫琥珀。所以，抚顺不仅是世界

抚顺琥珀

抚顺琥珀

著名的琥珀产区，也是中国昆虫琥珀的唯一产地，愈显珍贵。

当我们聚精会神地欣赏一枚昆虫琥珀时，想到它的形成距今已有5000万年，不禁为那漫长的时光累积、为琥珀艳丽的光泽、为鲜活如生的昆虫而叹时，也许它也是大自然的一滴眼泪，而那些昆虫，其实是泪里的珍珠。

抚顺琥珀之所以闻名于世，是因为它丰富的色彩、柔和的光泽、细腻的质地、温润的手感。它深藏于抚顺露天煤矿古城子组煤层或煤层顶底板的煤矸石中，因此，原料产出时外表包裹着薄薄的煤皮，这使得抚顺琥珀与其他任何产地琥珀都有明显区别。当它重见天日那一刻，那绚烂的颜色、鲜明的纹理令人惊叹。抚顺琥珀分花珀与金珀。花珀与金珀的区别是，花珀表面是白色或与其他颜色交织的纹理，不透明、半透明或微透明，种类包含象牙白花、黄花、黑花和水骨花、蜜蜡，是含有远古生物的化石，十分难得。所谓金珀，就是透明的琥珀，主要包含金珀、血珀、明珀、棕珀，其质地通体透明。抚顺琥珀有着丰富的油脂，即使不佩戴也未经把玩，也油亮温润。仅这一点就十分吸引收藏者，那通过精心呵护和把玩的抚顺琥珀，会散发出摄人心魄的光泽。抚顺琥珀的特点是，带有树脂光泽和珍珠光泽，高雅透明，发出一种独特的蓝白或蓝紫色荧光，幽深神秘，如同掠过心头的闪电，能够在瞬间击中人的内心。

据《百年煤雕》和《抚顺琥珀》二书记载，清光绪二十七年（1901），当时的民族资本家王承尧获得执照开始试采琥珀，他的河北同乡赵昆生、赵景霖是胞兄弟，利用自己的木雕手艺，对煤精琥珀进行雕刻。后来与另一个木雕艺人张佰孝合作成立了商号"双和兴"，专门从事煤精、琥珀雕刻、销售。他们凭着精湛的技艺，生意兴隆，三人也成为抚顺琥珀雕刻的一代宗师。20世纪30年代，抚顺的煤精、琥珀雕刻规模有了很大发展，后起之秀纷纷崛起，形成了

抚顺琥珀

抚顺的煤精、琥珀雕刻产业链。

九一八事变的爆发，打断了中国的琥珀研究与琥珀雕刻事业的发展，日本人强占了抚顺煤矿，在大量采煤的同时，也大量地搜刮了琥珀标本。直到20世纪80年代，我们的专家才重又开始收集，琥珀雕刻也再次兴旺起来，雕刻品种多种多样，闪烁着绚丽的艺术光芒。琥珀雕刻制品小巧精致、光润温婉，无论是人物雕件、动物雕件、素活、手把件，还是首饰雕件、烟嘴、印章、鼻烟壶、胸针，无不展示着技法的高妙与文化的精深。其雕刻技法主要有圆雕、浮雕、透雕三种，再从玉雕与煤雕那里学习借鉴，使造型的设计更加时尚，雕刻的技巧更加创新。琥珀具有消痛镇惊、冬暖夏凉的功效，也具有很高的药用价值。而抚顺琥珀首饰，玲珑剔透、典雅华贵，早已走向世界，为各国人民所喜爱。

抚顺琥珀以色彩缤纷、高超的雕刻工艺，表达着独特的文化追求，其艺术价值与文化特征都使其更有收藏价值，也展示了具有深厚底蕴的抚顺地域文化，入选第四批国家级非物质文化遗产名录。

# 最美桓仁，醉美冰酒

## ——桓仁冰酒

世界公认的冰酒生产绝佳地带，被国际葡萄酒专家称为"黄金冰谷"，其冰葡萄酒产量占世界产量的1/3、居世界首位，这些说的就是桓仁。桓仁冰酒品质上乘，颜色金黄，清亮透明，果香浓郁，丰满醇厚，甜润爽口，回味悠长。桓仁冰酒既是地理标志证明商标，也是地理标志保护产品。

冰酒起源于18世纪末的德国法兰克尼亚，已有上百年的历史。据说在1794年，德国法兰克尼亚地区的一个葡萄酒庄，因错过葡萄的采摘期，随着一场暴风雪的降临，葡萄挂在枝上冻成冰。主人不舍，依然摘下冰葡萄进行酿制，不想冰葡萄酿出来的酒竟是意外好喝，不仅风味独特，而且气味异常芳香，由此品质名贵的冰葡萄酒便诞生了。

中国东北的葡萄酒酿造古已有之，请看宋代陆游的诗：

槁竹乾薪隔岁求，正虞雪夜客相投。

如倾潋潋蒲萄酒，似拥重重貂鼠裘。

一睡策勋殊可喜，千金论价恐难酬。

他时铁马榆关外，忆此犹当笑不休。

这首诗名为《夜寒与客烧乾柴取暖戏作》，诗中说要喝葡萄酒需

桓仁冰酒

桓仁冰酒

要到榆关之外。榆关就是今天的山海关，而山海关之外，宋代同时期已有葡萄酒的酿造技术。那古老的民间传统葡萄酒酿造方法"山葡萄自然发酵法"，延续千年。在东北，许多家庭都会在秋天自酿葡萄酒，一年一坛，年年酒香。

近年来国产冰酒产业迅速崛起，桓仁县所产冰酒在国产冰酒中一直是领头羊，市场占有率达到60%以上。桓仁的地理位置优越，北纬41度、零下8摄氏度的严寒环境，与法国著名的葡萄酒产地罗纳河谷位于同一纬度，同属世界葡萄、葡萄酒黄金生产带。这一纬度被称作全球葡萄酒生产的"黄金纬度"。

桓仁冰酒酒体丰满、口感圆润、甜性高、酸性妙、美味均衡，其酒质清凉、口感清爽、宜冷饮、协调性佳，同时富于层次变化的特点使其成为水果与甜品搭配的绝佳拍档。品质优秀的桓仁冰酒风味浓缩，饮用起来甜而不腻、酸爽清洌、甘美纯净，深受各国葡萄酒爱好者的喜爱。

冰酒，素有"葡萄酒中的皇后"的美誉。当秋风渐起，葡萄成熟，而要推迟采收，当气温低于−7℃时，葡萄依然挂在树枝上，自然结冰后才能采收，并在结冰状态下压榨，发酵酿制而成的葡萄酒，不加糖原，保持原汁原味。由于对葡萄的要求苛刻，资源稀缺，冰葡萄的出汁率只有30%，所以每3万瓶葡萄酒中只有一瓶冰酒，而辽宁桓仁幸运地满足了冰酒酿造的所有条件，那就是冰葡萄生长所需的冰雪、湖泊、阳光三大理想要素，被国内外专家誉为"黄金冰谷"。

冰酒的味道，只有冷藏后才能充分释放出来。喝冰酒是有讲究的，小酒杯，半杯酒，完成观、闻、品三步。先观其色，以深琥珀色或金黄色为佳，且清澈见底，不含一丝杂质；再闻其香，轻轻摇晃酒杯，便有香气飘出，通常会有蜂蜜、荔枝、杧果、菠萝等热带

桓仁冰酒

水果的气息；最后品其味，含在口中，闭上眼，深呼吸，让冰酒之香充满口腔，顿感清凉冰爽、清新可口，仿佛全身的每个细胞都被濡染，美妙无比。如果是冰红酒则呈酒红色，酒质醇厚，口感隽永，适宜在室温下饮用。

世界三大葡萄酒板块，分别为19世纪30年代崛起的德国摩泽尔河和莱茵河流域及奥地利新锡德尔湖区；20世纪80年代起步的加拿大安大略省尼亚加拉半岛和卑诗省奥肯纳根谷；21世纪以来，辽宁省桓仁的桓龙湖作为天选之地，依托天然禀赋，崛起于世界。

冰葡萄种植要求极高。桓仁县生态环境优越，具有空气、水质、光照三样优质条件。空气新鲜湿润，葡萄喝山泉水长大，享受充足的降雨量与光照，其生长条件当然还有土质富含有机质，葡萄园缓坡向阳。尤其是桓龙湖不仅具有调节湿度的作用，有利于形成夏季温暖、昼夜温差大、冬季寒冷但不干燥的湖区小气候，12月上中旬，为葡萄在-8℃的自然条件下冰冻超过24小时提供了充分保证，每年都有低温保证冰葡萄原料的生产。另外，秋季一到，湖面泛起的雾气可以融化葡萄上的霜，可让葡萄多生长半个月。

可以说，冰酒是大自然的馈赠，需要温度、气候与各方面条件相配合，因其生产方式独特、原料稀少，珍贵程度可想而知。在全球市场上，平均每3万瓶葡萄酒中，才有一瓶冰酒，因而冰酒被誉为"葡萄酒中的皇后"。

在2015年以后，桓仁冰葡萄酒主动顺应大势，以微商渠道切入终端市场，而消费群体的定位也发生了一定的改变，那就是主打中青年女性市场。自媒体传播渠道现在已覆盖了广阔市场，而女性消费者也正是市场的主力军。冰葡萄酒的品质也许与女性的消费理念更加契合，无论是在欢畅之时，还是在遇到挫折之时，女性已经将冰葡萄酒作为与自己对话的方式。或者在节假日、朋友小聚；或者独自面对灯火，需要与自己对饮一回；或者与心爱的人月下相对，来一杯酒互诉衷肠……总之，喝冰葡萄酒容易营造浪漫的氛围，适于小资风情，对于一位女性来说，冰葡萄酒代表的就是品位、心境与生活方式……

未来，桓仁人会端一杯冰葡萄酒，骄傲地宣告：这杯酒产自世界冰葡萄酒中心——桓仁，醉美、最美。

# 百草之王，中药之美

## ——桓仁山参

辽宁东部群峦叠嶂、山高林密，是动植物的天堂。桓仁满族自治县犹如一颗璀璨的明珠，镶嵌在长白山南麓。这里是参藏之地，优越的地理与气候条件，让山参取天地之灵气、吸日月之精华，成为世间珍品，而桓仁也因盛产山参而被誉为"中国山参之乡"。

桓仁山参是指通过人为播种方式将人参籽播种在桓仁县境内适宜的森林环境条件下，自然生长15年以上的人参。具有体态自然、皮老紧实、有效成分含量高的特点，其药用价值、商品价值与野山参无差异。山参，是第四季冰川子遗植物，其貌似人形，被誉为"百草之王""万药之首""滋补神草"。山参具有大补元气、回阳散逆、滋阴、益血、生津、强心功效。桓仁山参参体灵秀、五形俱佳，野性灵气，质实玲珑，环纹深细，须长柔韧，珍珠点突出明显，芦碗排列整齐有序，特色鲜明。

桓仁山参有着天然的优势，其外形俊秀，颜色自然富有光泽，芦碗排列整齐，细长并且具有圆膀圆芦和马牙芦两种芦，芦长，形体逐个缩小，须根细长，疏而不乱，有着极好的品相。

绝佳的山水地貌，是桓仁山参质量的保障。长白山南麓，山势崎岖低缓，大部分海拔400~1000米，为低山丘陵地区，是人参生长的最佳区域。辽宁省最大的淡水湖桓龙湖，集水面积100平方千米以上的河流有8条，如同人体血管一样形成完整的水系，充足的

桓仁山参

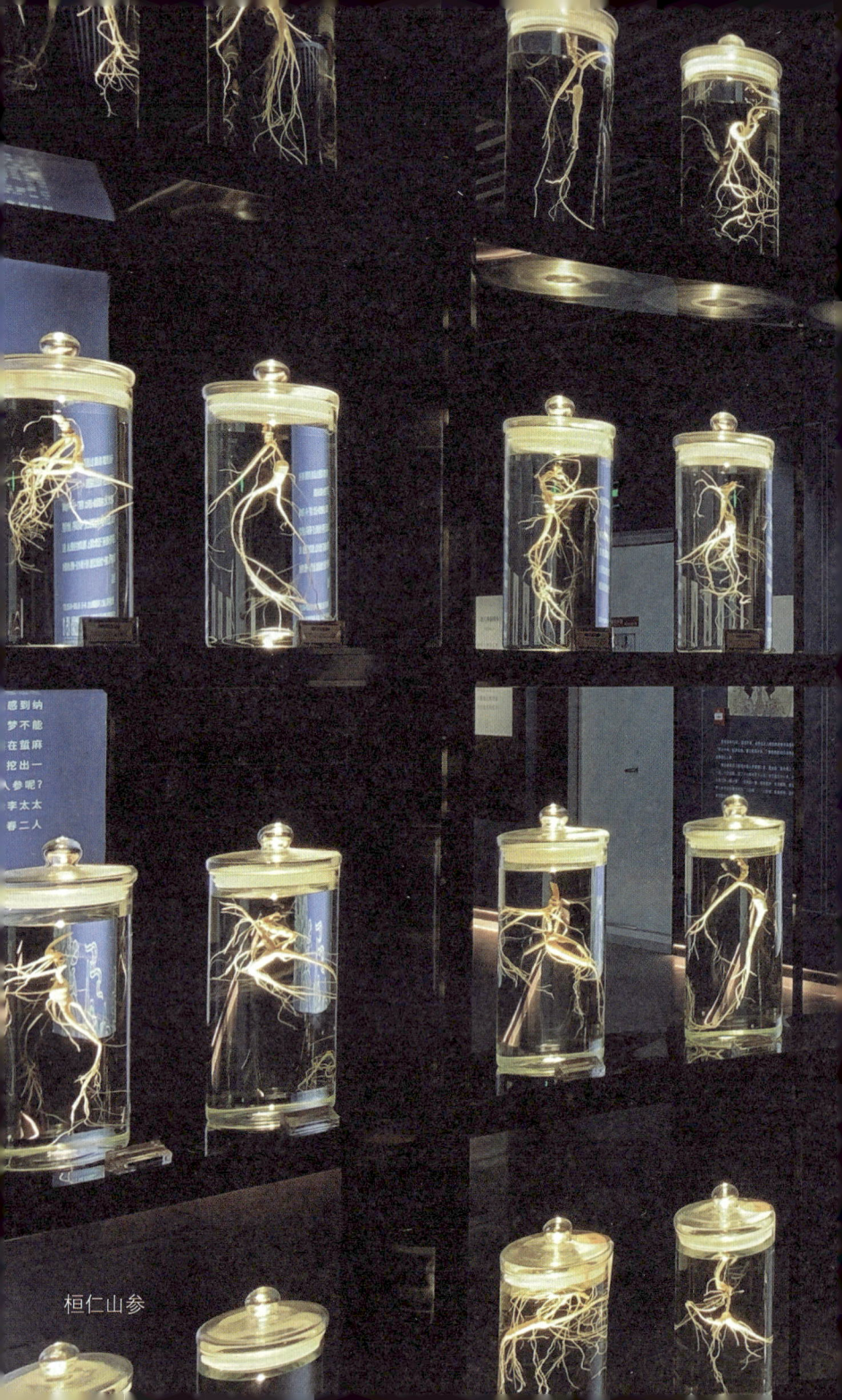

桓仁山参

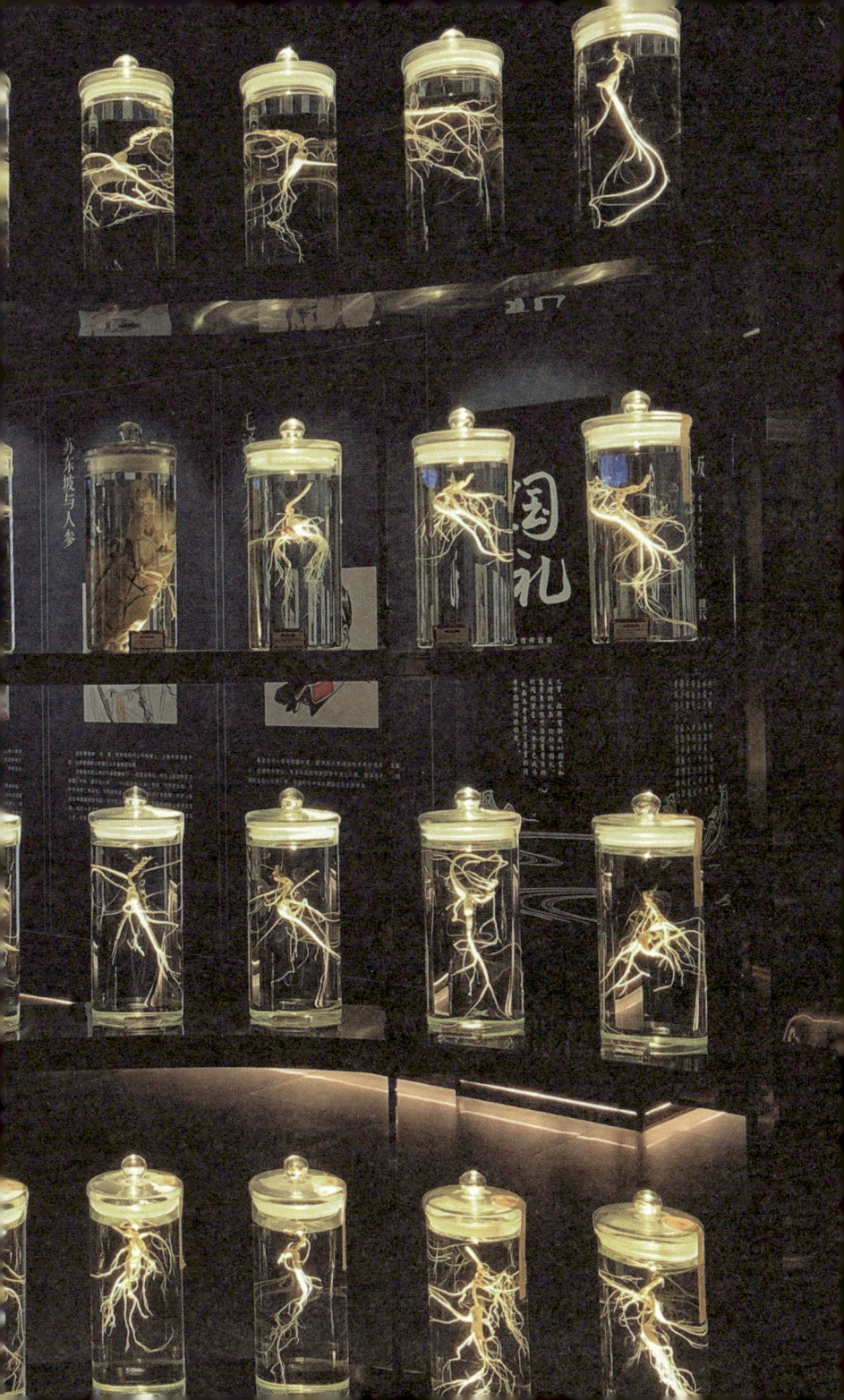

水资源和最清澈的水源成为山参的栖息地。桓仁居于中温带大陆湿润性季风气候，具有冷凉湿润的气候特点。135天的无霜期、高于其他地方的降雨量，桓龙湖形成的小气候温差；适合山参生长的棕壤性土亚类主要分布在石质山地、丘陵及陡坡山地，肥沃的土质，远离污染源的自然生态；温带夏绿阔叶林带长白植物区系，原生植物群落是以红松为主的针阔混交林逐渐演替为天然次生林，以柞、椴、色、桦树等为主的阔叶林或针阔混交天然林等，都为桓仁山参提供了良好的植被资源庇护，保证了桓仁山参的健康生长。所有这些因素，孕育出形态优美、韧性十足、皮黄须长、皂苷含量丰富的桓仁山参。

桓仁地区的山参早在千百年前就有记载，在晋朝吴普所作的《吴氏本草》中就已提到"人参生上党辽东"，指的就是桓仁地区。清道光年间，便有参农上山搭棚，栽种人参。悠久的桓仁山参历史，形成了独特的放山文化。民间把进山采挖山参的行为称作放山，有其专用语言、组织形式、行为规则、采挖技术、禁忌和工具等特有民间习俗。

自古以来，人们对山参保持着一种敬畏，有关它的传说也很丰富，那是对大自然的感恩。挖山参是个技术活儿，要系红绳、挖土、插棒槌针，确保根须的完整性……完成一套程序后，一棵山参破土而出，以它完美的姿态展现出"百草之王"的魅力。

如何鉴别山参的成色，一般来说，要看它的五形，即芦、纹、须、体、色。好的山参芦碗紧密，左右交错重叠而生，也称为"堆花芦"；其次，主根上部有紧密连贯的螺丝状横纹；参须则形似皮条长又清，柔韧性强，还有小米粒状的小疙瘩，称为"珍珠点"。此外，整根山参形体自然，呈现黄褐色。

桓仁山参可以有效提高人体免疫力，大补元气，强化人体器官

中国山参之乡

桓仁山参

功能。生津止渴，生精壮阳，抗疲劳，抗衰老，抗严寒，抗高温，抗癌防病，适用于体质较弱人群；山参还具有延缓衰老的作用，醒神开窍，宁神益智，提高大脑思维能力，增强记忆力，推迟器官的衰竭，从而起到延缓衰老、延年益寿的效果；山参还有排毒养颜的效果，能够有效增强体内的酶活性，排除体内的毒素，减轻肝脏的负担，从而生血补血，养颜美容，使人生机旺盛，青春永驻。山参的肉质根为著名强壮滋补药，能调整血压、恢复心脏功能，还适用于神经衰弱及身体虚弱等症，也有祛痰、健胃、利尿、兴奋等功效。

山参可以通过泡酒、煎煮、嚼服等方法进行食用。山参切片后泡酒饮用，不可过量。放到砂锅中加水煎煮或与鸡同熬，营养丰富。山参切片后放到口中，通过咀嚼的方法更好地吸收养分，并且可以避免对胃肠道造成刺激。

自20世纪80年代开始，桓仁山参经过大面积的开山栽参，到现在实行科学人工栽培，形成了完整的产业链，八山一水一分田的桓仁，山参产品占全国市场份额的一半，山参产量、产值位于全国前列，已成为名副其实的"山参之乡"。

# 世有珍果，鲜艳欲滴

## ——东港草莓

　　"草莓草莓，九九草莓！"辽宁省的各大农贸市场，以及路边小摊，这样的吆喝声不绝于耳，吸引着人们的脚步与目光。九九草莓产于丹东东港，基本已经占据了绝大部分市场，别的品种草莓已难寻踪迹。再看看丹东火车站，人们拎着大大小小的白色泡沫盒，把新鲜的草莓带给远方的亲友尝鲜。不论是盒马生鲜超市、山姆会员商店，还是东方甄选等直播带货平台，东港草莓均受到消费者热捧，还远销新加坡、马来西亚、俄罗斯等国家。

东港草莓

　　再看看那九九草莓，个个饱满，外形美观、色泽亮丽、果个均匀、酸甜适口、芳香浓郁、耐贮性好；东港草莓营养丰富，富含维生素C及磷、钙、铁等微量元素，老少皆宜，是名副其实的果中珍品。

　　那么，东港草莓为什么会这样红？东港位于北纬39~42度之间，是国际公认的优质水果区域带，

东港草莓

东港草莓

冬无严寒，夏无酷暑，降雨量充沛，还有42座水库的优质水源为草莓提供优良的生长环境。其次，微酸性棕壤土和半湿润四季分明的气候条件非常有利于草莓生长发育、繁殖和花芽分化，产出的草莓果香味美、沁人心脾。再次，东港草莓禁用化肥，而是使用鱼蛋白、生物菌肥、氨基酸、腐殖酸等优质有机肥，吃起来不仅有安全保障，口感也会更好。

东港草莓的种植历史可追溯到20世纪20年代，是我国最早引进和延续发展的草莓产地。早在2006年，东港便被农业部授予"无公害农产品"生产基地称号，核准使用"无公害农产品"标识，全境内的草莓最低标准为无公害生产。近年来，东港草莓已经不再满足于鲜果售卖，而是向着加工及产品的深度研发方向发展，相继研发出草莓酒、草莓干、草莓果脯、草莓蛋糕、冰点草莓、草莓酱等衍生品，使东港草莓有了更加广阔的空间。

东港跟上了时代步伐，构建"电商+合作社+园区+农户"发展联盟，探索出了"品牌赋能+电商营销"的现代营销新模式。据统计，国内不少知名电商平台上，东港草莓经常位列小浆果热度第一名；在一些短视频平台，"东港草莓"相关账号粉丝数量以百万计，电商销售约占东港草莓鲜果销售总量的70%。东港草莓通过先进的物流，依托天猫、京东、苏宁等电商平台，推动东港草莓网上销售。想象过吗？北方正在天寒地冻的时节，窗外大雪飘飞，你可以

东港草莓

东港草莓

坐在家里穿着单衣吃着新鲜的草莓。不论你是在天涯海角，还是远隔万水千山，只要网上下单，丹东红颜，有颜有值，你要的鲜红的草莓便会奔赴你的邀约，正从黄海北岸飞进千家万户，等你尝鲜呢！

东港草莓

对草莓的质量，东港人绝不含糊。当小蜜蜂在其间飞舞起落，那是农户利用"设施草莓蜜蜂授粉技术"这一生物科技来提高产出草莓的品质，事实证明，经过蜜蜂授粉的草莓果形更好。经过他们第一轮的筛选，凡是长相不太端正，"白屁股"比较多的都遭淘汰。然后就是经过机器进行第二轮筛选，用光谱仪根据草莓的克重、大小、规格、糖度、品质进行筛选。最后再进行人工第三轮的筛选。只有通过这三关的草莓，才能戴上泡沫网套，打包装送发走。

冬季的东港虽然天寒地冻，但温室大棚里的草莓正绿意盎然。茂盛的草莓叶间，红彤彤的草莓探出头来，犹如羞答答的少女，等待有缘人来采摘。小草莓做成了大品牌，已经走向全国，走出国门。这就是东港草莓的故事，也是最好的中国故事。

# 豆里乾坤大，纸间日月长

## ——锦州干豆腐

锦州干豆腐以"干、薄、细"著称。"干"是指豆腐压得实、干爽；"薄"是指每张豆腐都薄如纸张，太阳底下能透亮儿；"细"是指豆腐里不含豆渣，口感柔和，外加一个"筋道"，就是有嚼头，堪称"辽西一绝"。

做豆腐如同酿酒一样，要做好豆腐必得有好豆好水。大豆应是辽西本土所产，辽西大豆因纬度高，光照时间长，昼夜温差大，有利于脂肪合成，大豆品种含油量高，磨成的豆浆也细腻、味道醇厚。流经锦州地区的大、小凌河，女儿河水质细腻醇绵，饮之甘饴。做豆腐是手艺活儿，也是力气活儿。豆子相同、水相同、工艺相同，但各家做出来的定是风味不同。好的手艺师傅各有秘诀，绝不外传。记忆中的豆腐坊总是热气腾腾，散发着一股生豆的腥味。黄豆经过浸泡，上磨拉成豆浆，放在锅里煮开，停火，过包，挤出豆腐渣。豆腐坊里有一排大的十字架，吊着个大网兜。下一步就是点卤水，边放边搅，直到搅好就盖上盖子。神奇的一幕出现了，豆浆秒变成脑儿，仿佛一朵朵盛开的豆腐花，这时盛出来就是水豆腐，放上酱与葱花，趁热喝下，味道独特。也正是此时，把卷好的干豆腐包放在木框里一层，将豆腐花舀起均匀地泼在豆腐包上，直到将干豆腐的木框泼满，盖上木板，压上石头。豆腐花在压力下不断压出水，变成了干豆腐，再一张张地揭开，每揭一张都要撒上大粒盐，这样

锦州干豆腐

锦州干豆腐

青椒炒干豆腐

吃起来带着咸味。做干豆腐的关键在于点卤水，这是每个师傅的必修课，直接关系到干豆腐的品质。

锦州干豆腐薄，薄到什么程度呢？就像一张纸，能透过光来。颜色微微发黄，生食熟食均可。熟食可炒可炖，正所谓是，千烹万滚，越炖越不变形色；而生吃则筋筋道道，可卷可熏可拌，有嚼头，满口香。在绿皮火车上，东北大爷会变戏法似的从包里掏出锦州干豆腐，卷上大葱或香菜，蘸上大酱，喝点小酒，还会把干豆腐卷与同行的人分享，顿时气氛活跃起来，一路欢声笑语。这看似简单粗暴的吃法已经传承了千百年，是出门在外的干粮，既是主食也是副食，饭与菜一勺烩了，既抗饿又方便。当然凉拌更简单直接，切丝后加上糖、醋、辣椒，十分下饭。而京酱肉丝则与干豆腐是绝配。肉丝与酱炒好，用干豆腐卷上味道最佳。最著名的家常菜当数尖椒炒干豆腐，它出现在寻常百姓与东北小店的餐桌上的概率最高。尖椒的辣与豆香，互相借味，芡汁浓郁，鲜咸可口，就一碗大米饭，能吃到冒汗。在熟食制作中，还有一道用干豆腐熏制的五香豆腐卷，十分入味。鸡汤豆腐卷也是有名的小吃，用干豆腐放在鸡汤中浸卤入味，然后用糖茶烟熏上色增香，浓浓的鸡汤和淡淡的熏香味道混在一起，那滋味吃一回就忘不掉。五花肉炖干豆腐也是家常菜，突出一个"炖"字，锦州干豆腐是不怕炖的，滋味也是炖出来的，至五花肉熟透，干豆腐炖得又软又嫩，汤汁浓厚。有的人家会用红烧肉来炖干豆腐，点缀上翠绿的香菜，味道更浓香。在万物皆可烧烤的锦州，烤干豆腐卷也早已兴起，就是用干豆腐卷上青菜架到火上烤，豆香扑鼻，外焦里嫩，再刷上辣酱，过了烟火的干豆腐别有风味。

干豆腐是健康食品，植物蛋白丰富，在当今人们普遍"三高"的情况下，多吃豆制品是比较明智的选择。豆腐含有丰富的蛋白质，而且还是完全蛋白，不仅含有人体必需的8种氨基酸，而且其比例也接近人体需要，营养价值较高；含有的卵磷脂可除掉附在血管壁上的胆固醇，防止血管硬化，预防心血管疾病，保护心脏；含有多种矿物质，补充钙质，防止因缺钙引起的骨质疏松，促进骨骼发育，对小孩、老人的骨骼生长与保护极为有利。

锦州那个地方出苹果，但近年来，随着交通的四通八达，人们的流动性加大，不论是来锦州出差的还是来旅游的，似乎都忽略了苹果的存在，但不会忘记带几斤锦州干豆腐回家。

# 一粒花生里的金山银山

## ——黑山花生

黑山花生以品质好、粒形圆、含蛋白质高，特别是未检出黄曲霉毒素而享誉国内及国际花生市场。欧洲专业花生杂志专门介绍了辽宁黑山花生的这一特性，并给予了很高的评价。由此，黑山花生在海外市场供不应求。尤其是"绿色芳山"牌花生连续二十年出口日本、欧盟，从未出现黄曲霉毒素超标现象。

好的花生需要独特的地理环境，主要是山沙土土壤，优质肥沃，这样的土壤结构有利于空气流通，而辽宁省黑山县的地域环境正属于北部丘陵地貌，春天干旱少雨，气温升高很快，给花生播种发芽提供了良好的环境。夏季有充足的日照、适宜的气温和降雨量。黑山境内河流纵横，有饶阳河、羊肠河、东沙河穿境而过，带沙量大，汇入辽河后再入渤海，形成了一水二山七分地的自然格局，这些都适宜花生生长。待到秋收时，黑山天高气爽，空气干燥，利于花生的贮存。当花生水分在9%以下时才开始脱壳，有效地减少花生黄曲霉毒素的产生。还有黑山农民种花生，坚持用天然水、农家肥、少农药，多年已形成好的种植习惯，有效地保障了花生的品质，而且减少了土地的污染，同时也减少了病虫害的发生。

从外观上看，黑山县主栽花生属于早熟直立珍珠豆型小花生品种，为疏枝型、矮株、直立、节间短，抗风抗倒伏能力较强。叶子翠绿，远远望去，如同绿色地毯铺向远方，其间开满鲜艳的花朵，

黑山花生

陈醋菠菜花生米

黑山花生

令人心旷神怡。而且花期较长，开花量大。盘点结果情况，总给人惊喜，因为结果率高，双仁果率一般占95%以上，给丰收奠定了基础。这种花生果柄短，落果情况较少，荚果呈卧茧状，花生皮洁白，网纹浅，籽仁饱满，呈核桃圆形，出米率高达70%以上。花生粒大小比较均匀，看起来籽仁粉红、富有光泽、无裂纹，无芽果，无霉变和其他异味。从营养价值上看，黑山花生富含蛋白质、脂肪、维生素E等，蛋白质含量、脂肪含量、维生素E含量均在标准范围内，并含有硫胺素、核黄素、烟酸等多种维生素。矿物质含量也很丰富，特别是含有人体必需的氨基酸，有促进脑细胞发育、增强记忆的功能，而且黑山花生生产基地和产品均达到无公害农产品产地和产品要求。

花生能够广泛地用于日常生活中，有养颜美容、抗衰老、降血压的作用，同时也是五谷杂粮中的一种，是食疗中的重要食材。吃法也是多种多样，可生食，可煮，可炸，可烤，可炖，可拌。生吃可以助消化、养胃、降血压；煮着吃清淡可口，不腻；泡醋吃可以提高营养价值；炸着吃又香又脆；烤着吃有种特殊的香味。猪蹄花生粥通络催乳，补血益气；花生紫米粥润肠通便，养颜美容；花生红枣粥促进血小板再生；花生黑豆打成糊状，老人孩子喝了提高免疫力。同时，花生还用于各种配菜，比如陈醋菠菜花生、黄瓜洋葱花生以及各种凉拌菜。

黑山种植花生已有400年历史，早在顺治十年，闯关东的人们就把花生的种子及栽培技术带到了关外，找到了黑山这片最适宜的土地扎下根，开花结果。经过长期的经验积累和不断的技术创新，已经使黑山花生跻身于高品质之列，获得三届中国农产品交易会畅销产品，国家绿色食品标准认证，成为东北第一大花生生产基地县。

# 茫茫盐碱地，千里稻花香

## ——盘锦大米

一锅米饭，随着蒸汽散发，就在隐隐间闻到了香气。待到掀开锅盖，那种米香扑鼻而来，一下子浸透整个身心。只见一粒粒大米，变成白白胖胖的米饭，颗颗晶莹剔透，粒粒饱满如珠，干干净净，透透亮亮。米粒之间黏黏的，阳光下泛着一层油亮亮的光泽，嚼一口，绵软润滑、筋道细腻，满口清香。这就是盘锦大米带给我们一碗米饭的享受。

盘锦水稻种植始于清代。1928年，张学良将军组建"营田公司"，在故乡大面积开荒种稻，开创了东北地区水稻生产机械化的先河。1948年盘锦解放后，政府开始了大规模垦荒造田，兴修灌溉网，改良土壤，尤其是以国有农场为单位进行农田开发建设，为盘锦成为国家重要的商品粮基地奠定了坚实的基础。

位于辽河三角洲中心地带的盘锦市，曾经是东北的"南大荒"，千里盐碱地，寸草不生。20世纪60年代末，数以万计的"五七大军"和知识青年从祖国的四面八方来到盘锦，在这片沉睡的荒地上开垦种稻，谱写了一曲"南大荒"精神的壮美赞歌。他们把汗水与青春献给了这片荒滩，以自己的智慧和勤劳推动了盘锦水稻耕种技术的进步。"盘锦大米好吃"，这是当年奋斗在这里的人们发出的由衷赞叹，随着20世纪70年代末知识青年陆续返回家乡，这句话传遍了全国。如今，这里稻浪翻滚、芦苇摇曳、群鸟翔集、海滩火红。

盘锦水稻田

盘锦水稻田

盘锦大米

当年的盐碱滩已变成"米粮仓"。曾经的不毛之地，先后诞生了近60种耐盐碱的水稻新品种。有6家企业生产的盘锦大米获"辽宁省优质产品"称号。盘锦大米已远销国内20余省市，出口世界五大洲的15个国家和地区。

盘锦大米为什么好吃呢？先说水，水是水稻种植的关键要素。盘锦是九河下梢之地，境内有大小河流21条之多。盘锦作为退海平原，是由大辽河、辽河、大凌河上游即吉林、内蒙古、辽宁、河北四省区的黑土、沙土、黄土冲积而成的。独特的水盐运动规律，造成土壤返碱严重，有利于水稻生长中以苷键相连而聚合成的淀粉形态分子结构的形成。这些水系的流域没有大城市，没有污染。辽河又有春汛与夏汛。春汛由流域的冬季积雪融化而来，汛水满足盘锦水田泡田、插秧的全部用水。夏汛河水暴涨，不但满足灌溉之需，还可以提供水库蓄水。值得一提的是，盘锦市建有七大水库：辽滨水库、三角洲水库、疙瘩楼水库、荣兴水库、八一水库、红旗水库和青年水库，库内水质终年保持高标准。

再说土壤，偏碱性的土壤，利于优质粳米的生长，粳米的淀粉含量低，韧性强，口感好。加之施用生物有机肥，综合防治病虫害，开创了稻田养鱼、稻田养蟹的生态循环水稻种植方法。土壤中氯离子含量较高，使大米淀粉在糊化过程中形成了一种油状的薄膜，使盘锦大米外观更亮，口味更好。

其他条件，合适的温度、夏季充足的日照、空气湿度间湿间干、昼夜温差大、有较长的生长期，有利于水稻生长发育和籽粒成熟，使水稻果实内的有机物更为充分地转化为糖类，这是盘锦大米优质并且有点甜的重要原因。

盘锦大米籽粒饱满，长宽适中，色泽清白，气味清香，垩白度小，食味品质较好。根据国家标准，盘锦大米的各项质量指标均达

盘锦大米

到优质稻谷标准，味道香醇，口感细腻，散发着大米独有的芳香。

盘锦大米不同于其他大米之处在于它是蟹稻共生。将螃蟹放进稻田里，稻蟹互生互利，河蟹为水稻松土、除草、捉虫、施肥，稻田为河蟹提供遮蔽场所和食物。螃蟹的活动可以疏松土壤，增加土壤的通气性，同时，螃蟹的排泄物也可以为水稻提供丰富的营养。所以，盘锦大米碱地生，蟹田长，一季稻，四季鲜，煮成熟饭清香绵软，米香四溢。

盘锦大米的营养价值也非常高，富含蛋白质、脂肪、碳水化合物等多种营养成分，对人体健康有着重要的作用。大米饭里加上红枣、绿豆、红豆，会增加营养成分。以盘锦大米为主料，熬各种养生粥，粥粥生香。自古以来，在中国人的心目中，药与食是同源的。熬一碗盘锦大米粥，白白的，软软的，上面浮着一层油光。喝一口粥，那是贴心贴肝地舒坦，仿佛每个细胞都打开了。你会生出"人生一碗盘锦大米粥，别无所求"的感叹。粥里再加上桂圆、胡桃、芝麻、瘦肉、芡实、栗子、各种青菜等，这碗粥既是药，又是食，既进补又是食疗。人们按季节喝粥，春食菜粥，夏食绿豆粥，秋食莲藕粥，冬食腊八粥，这便是顺应四季的养生之道。尤其是每年那一碗腊八粥，是一年里最隆重的食补，是寻常百姓生活的智慧。而所有这些粥的品质，都来源于大米的成色，盘锦大米才是主心骨。在辽宁人的心目中，用它熬出来的粥才算得上好粥，喝得舒心，喝得通透。

"要把饭碗牢牢地端在自己的手上"，在盘锦这片神奇的土地上，从茫茫盐碱滩到千里稻花香，蟹与稻共生、人与鹤共舞，成就了世间最好的大米，生态和谐的家园。

# 稻田蟹的传奇

## ——盘锦河蟹

  盘锦河蟹，学名中华绒螯蟹，北方称河蟹，南方俗称大闸蟹，属节肢动物门，甲壳纲，十足目，爬行亚目，短尾族，方蟹科，绒螯蟹属，是我国著名的淡水蟹，在我国蟹类中产量最多。

  盘锦市位于辽河入海口，丰沛的水资源，星罗棋布的沼泽坑塘，纵横交错的河流，数万亩无边无际的芦苇荡，使盘锦成为中国"蟹都"。盘锦有海有河，使得蟹在海水里生，淡水里长。每年仲秋之后，河蟹成群结队奔向大海，在浅海海域交尾、产卵、孵化，翌年春末夏初，大批幼蟹顺潮汛溯水而上，到淡水中继续生长，逐渐长为成蟹。辽河与大海交汇的区域每年都与蟹来一场迎来送往，迎接与告别一样盛大。21条河流条条与大海相通，使河蟹"生和长"的洄游畅通无阻。得天独厚的自然条件使盘锦成为中国北方最大的河蟹养殖基地，中华绒螯蟹产量全国第一，被誉为"中国河蟹第一市"。

  让我们近距离地欣赏一下河蟹吧！一只河蟹，看起来圆乎乎的，又扁又平的头胸甲，背着大大的壳，举着两只大钳子。体背青黑或黄黑，配上白的腹部，足上细密的毛。它爬行时横行霸道，数爪并用，说它是爬，其实就是飞跑。它还保有超高的敏感度，一有风吹草动，它总是立即躲起来。菊花黄，蟹肉壮，秋季是螃蟹成熟的季节。待到蒸熟，那通体的红色十分诱人，掀开壳，满嘟嘟的蟹黄，

盘锦河蟹

肥满度超级高，个个体肥，肉质鲜嫩，膏满黄多。有人这样形容："尖蟹膏白似玉，团蟹黄干似金。"盘锦河蟹较其他水系河蟹及海蟹有独特的口感，野味十足，营养丰富，为水产中的上品，被誉为"蟹中之王"，蟹中珍品。

绒螯蟹不仅好吃，还有药用价值。它可清热解毒、消结化瘀、舒筋活血、补骨添髓。它拥有人体所需的营养元素，如氨基酸、钙、铁、锌、维生素A、维生素B族等，滋补身体，提高免疫力。

盘山县自古盛产河蟹。传说1400年前，唐王李世民御驾东征，途经盘山县的三岔河口（系辽、浑、太三河交叉处）时，遭大河拦路。唐王急令摆设香案，求助河神。三岔河面的迷雾中，一座蟹桥架于河上。从此，螃蟹原本光滑的盖上留下了唐王马蹄印。螃蟹架桥，足见盘锦螃蟹之多，超出想象。东北有段民谣："棒打獐子瓢舀鱼，野鸡掉进热锅里。"而在盘锦，不知何时竟把第二句改为"螃蟹爬到被窝里"。多年前，盘锦就遍地螃蟹，田间地头，大小河泡，沟沟岔岔，房前屋后，放眼望去全是螃蟹。到处都闪烁着手电筒的光束，那是人们在抓螃蟹。当人们遇到艰难的日子时，它就是老百姓的粮食；当家里来个客人，随便抓几只就待客了。谁也不会想到日后这满地都是的螃蟹还成了人人都宠个个都爱的稀罕物了。盘锦人有过豪吃河蟹的年代，也有以螃蟹充饥的日子。后来因为兴建水利修堤建闸，拦截了河蟹的洄游之路，河蟹逐渐减少，几乎灭绝。20世纪80年代，盘锦人开始探索人工孵化蟹苗试验，获得成功，被专家评定为"在辽宁首创，填补了中国北方空白"。

当金风送爽、蟹肥稻香，一场盛大的"螃蟹宴"开场。如果外地人吃一顿螃蟹是改善的话，那么盘锦人吃河蟹就是家常便饭。亲朋好友团团围坐，蒸的、卤的、炖的、炒的齐上阵，开怀畅饮，一口酒一只蟹，好不酣畅！如要保持原味，最简单直接的吃法就是蒸

盘锦河蟹

或煮，一大盆蟹，直吃到你告饶。而卤河蟹是盘锦人的最爱。选择那些野味十足的河蟹，放入由葱姜蒜和陈皮、红辣椒、香菜、白酒等制成的卤汁，腌好后，既锁定了蟹的天然鲜香，又保持了营养价值，吃起来爽口至极。烤蟹是近年来流行的吃法，支起炉架，随手逮着河蟹随手烤，空气中弥漫着蟹香，味蕾瞬间被释放。而精致一些的吃法就是蟹豆腐和醉蟹。顾名思义，醉蟹便是蟹泡在高粱酒或黄酒缸内，喝足了酒醉过去。而蟹豆腐最有创意，先把蟹肉捣出汁，把蟹肉汁放在锅里蒸，蒸好之后状似鸡蛋羹，其实是蟹汁羹。看起来软乎乎的、鲜嫩嫩的、颤巍巍的，喝一口，简直鲜到了骨头里。还有一道菜最家常，那就是蟹炖南瓜，用的是东北农家的大南瓜，随便加几只河蟹，小火慢炖，南瓜完全入了蟹味，就剩下一个字："鲜"。河蟹豆腐也是一道农家主打菜，蟹味与豆腐完美融合。包蟹肉饺子则要费一番工夫，光剔除蟹肉就需十足的耐心，但盘锦的主妇为了那一口鲜，是舍得时间的。当河蟹吃不完时，为了保鲜，盘锦人就捣成蟹酱，可以吃得长久一些。当然，各种炖菜放上河蟹，菜品立马提鲜。煲各种汤放上几只，那汤的鲜美也瞬间爆棚。总之，在盘锦，河蟹几乎主宰了秋季的餐桌，真可谓是"鲜"入为主。

那么，盘锦人如何选择河蟹呢？大致分三种，一种是稻田蟹，略小较肥，黄满；第二种是河套蟹，略瘦味鲜；第三种是湿地蟹，也叫"溜达蟹"，野味，黄满膏肥。

盘锦人创造出了"一地两用、一水两养、一季三收"的"稻蟹共生"立体生态养殖模式，既"稻田养蟹"又"蟹田种稻"，二者相辅相成，使盘锦成为中华绒螯蟹（辽蟹）的发源地，被称为天然的繁殖地、索饵场。多年来，盘锦的水产科技工作者和养殖户通过河蟹种苗孵化、养殖技术和养殖模式的不断探索和攻关，探索出多种

盘锦河蟹

养殖模式，盘锦人实现了吃蟹自由。从1988年开始，盘锦在稻田里养殖河蟹，这是一项伟大的创举，蟹与稻互生的立体生态模式，创造了稻田蟹和蟹田米的传奇……

# 大自然的馈赠

## ——铁岭榛子

榛子，又称山板栗、尖栗、棰子等。它果形似栗子，外壳坚硬，果仁肥白而圆，有香气，含油脂量很大，吃起来特别香美，余味绵绵，因此成为最受人们欢迎的坚果类食品，有"坚果之王"的称呼。铁岭榛子的果实为坚果，外观形态呈尖顶形或圆柱形，表面光滑，呈自然黄色、棕色；尖顶形榛子顶部略尖、底部略平，圆柱形榛子呈短钟状；榛果炒熟后两手一拍榛壳即开。榛仁由种皮和两片子叶组成，种皮呈黄褐色，子叶呈黄白色；榛仁口味纯正，清香适口。

我国对榛子的记述可以追溯到春秋时代。《诗经》记载："山有榛，隰有苓。"（《邶风·简兮》）唐代经学家孔颖达注释说："山之有榛木，隰之有苓草，各得其所。"据宋朝《开宝本草》记载："榛子味甘，生辽东山谷，子如小栗，军行之当粮。"历经明清两代，铁岭"贡榛"流传至今，一粒平常榛，千年美名传。据考，中华民族食用榛子已有6000年的历史。半坡村（位于西安东郊）新石器时代遗址，就发现已碳化的榛子果实和果壳。铁岭县李千户镇马侍郎桥村产的野生榛子自明万历年间开始成为贡品，历经明清两代，至今也有450余年历史。据史料记载，清初顺治帝时，盛京内务府每年都向朝廷进献榛子，有大臣前往盛京，顺治帝也必嘱带回开原榛子。据《开原县志》记载："榛，誉为本地有名特产，以梅家寨产最为著名，前清做进呈贡品。"

铁岭榛子

铁岭坐拥北纬42°，这是出产农产品优势地带，榛子喜温暖湿润的气候，喜光照，喜通气性，喜沙壤土。好山好水好环境，产出皮薄、仁大、味香的铁岭榛子。当秋风吹拂，榛果成熟，成群结队的小松鼠采摘果实，埋藏在大森林里的某个角落。当北方进入隆冬，山川大地被白雪覆盖，许多动物都断了食物来源，唯有聪明的小松鼠依然可以凭着榛子散发出来的香气找到榛子，足见榛子有多香！松鼠吃不完的榛子，当来年春风又起春雨飘落时，又会发芽长出新苗，慢慢地成为漫山遍野的榛林。每到上市季节，铁岭榛子以其圆润的外观、饱满的果仁、香醇的口味独霸市场，赢得了消费者的口碑。

铁岭榛子最好的品质均来自野生，完全是大自然的馈赠。抓在手里掂量，感到沉重，说明果仁饱满。炒熟，好的榛子两颗一碰，就能裂开，仁肉白净新鲜。铁岭榛王为上品，又名开口笑，就是每个榛子都有裂缝，像张开嘴微笑的样子。用手沿裂缝掰一下即开，仁大而饱满、光滑、无木质毛绒，仁香酥脆，是走亲访友的馈赠佳品。目前，美国大榛子来势汹汹，大有独占市场的势头。美国大榛子个头足够大，但吃起来大而无味，油而无香，口味与铁岭榛子根本无法相比。铁岭榛子凭着自己的野生血统，采尽天地之甘霖，万物之灵气，虽个头较小，但吃起来滋味浓郁，满口生香，令人欲罢不能。

铁岭榛子自带香气，每一粒榛果都出自大自然，是纯正的有机绿色食品。在南方，传说榛果能够存在上亿年，是修炼的仙果。昆虫界有种长寿虫，就是靠着吃一粒榛子，就可以在地下辟谷三年，再蜕变成榛实象甲成虫，出土繁衍，所以常吃榛子，可以延年益寿。

榛子除了直接食用，还可以打成榛粉，使其所含的脂溶性维生素更易为人体所吸收，对老年、体弱、病后虚弱的人都有很好的补

铁岭榛子

养作用。榛子酱用来配制糕点和糖果，可起到营养互补的作用。榛子油有很高的综合利用价值，富含油酸、亚油酸，摄入榛子油能够降低冠心病的发病率，调节血压，降低胆固醇，减少低密度脂蛋白，增加高密度脂蛋白，减少血液中的三酰基甘油。若用在美容方面，能够快速清透皮肤，且没有油腻感，具有抗皱和再生功能。榛子油不饱和脂肪酸含量位于坚果油之首。它的维生素 E 含量高达 36%，能有效地延缓衰老，防治血管硬化，润泽肌肤；榛子里包含着抗癌化学成分紫杉酚，可延长病人的生命期；榛子本身有一种天然的香气，具有开胃的功效，丰富的纤维素还有助消化和防治便秘的作用。

一颗榛子，从树上的果实，到自然晾晒、人工筛选、铁锅烘烤、水漏再晾晒、再开口，便完成了它的旅途。铁岭大榛子，生带芳香、长于山野，熟含醇厚、自然天成，是不可多得的人间美味。

# 荆条花开甜蜜蜜

## ——北票荆条蜜

荆条蜜是荆条花蜂蜜的简称，也叫荆花蜜，是我国各种蜜源中重要的蜜品之一。北票荆条蜜呈浅琥珀色，气味清香，口感甜润、带微酸，不见任何杂质，是国家农产品地理标志登记保护产品，入选第二批中欧地理标志协定保护名单。

荆条蜜的蜜源为荆条花，荆条是一种灌木，耐瘠薄、耐旱植物。尤其在辽西，漫天遍野随处可见。它的生命力极其顽强，每逢荆条开花季节，都会引得蝶舞蜂飞，好不热闹。荆条一般生长在山沟、谷底、河流两岸、路旁和荒地，以土层深厚、土质肥沃、水分充足处生长更好，流蜜较多。

北票市属于典型的低山丘陵地区，位于科尔沁沙地南缘，努鲁儿虎山横亘西北，大青山耸立东部，松岭山连绵大凌河南，东、南、西群山环绕，北部地势开阔，中间丘陵广布，河川沿岸有小面积河谷平原，地理概貌为"七山二滩一分田"。

北票的山体里富含铁矿石和石灰石，经过长年的风雨侵蚀、自然氧化、地表径流，土壤中可吸收的铁元素和钙元素含量丰富。有一种元素特别有利于提高荆条对各种营养的吸收，那就是钾元素。而北票的土壤恰恰就是钾含量丰富。

从气候特点看，北票市四季分明，雨热同季，日照充足，昼夜温差较大，降雨偏少，同时满足了荆条生长发育和蜜蜂采蜜的条件。

北票荆条花

雨热为荆条提供水分与热量，而充分的光照则促进光合作用，昼夜温差较大有利于荆条干物质的积累，少雨半干旱便于蜜蜂采蜜。北票有了得天独厚的气候和土壤条件，又远离城市和工业区，对蜜蜂不使用任何抗生素，再加上使用不破坏营养的升膜真空技术，使得北票荆条蜜以独特的品质脱颖而出。此外，大凌河流域和牤牛河流域径流丰沛，为北票的荆条灌溉提供了优质水源。

荆条蜜是优质蜂蜜，由于荆条花期长，产蜜量高，是北票养蜂人主要的大蜜源。北票的夏天，6月中旬至7月上旬，荆条花开了，点缀在绿叶丛中的淡蓝色、白色、紫色小花随风摇曳，蜂群也追逐着花期赶来了，空中、林里、坡上，到处都是忙碌的蜜蜂。它们起起落落，忙个不停，仿佛要赶在这两个月左右的流蜜期，多采花蜜。荆条花以淡紫色的流蜜最为丰富，蜜质优良，多长在阴坡、沟壁、深山区；浅蓝色花的荆条流蜜也较好，多生长在半山坡、路边、地边、荒坡和陡崖处；而鱼肚白花的荆条流蜜少，多生长在浅山区的半山坡。自然因素影响着荆条的流蜜量，比如外土壤、气温、光照、湿度、降雨量、地理位置等，也与荆条的品种有关。北票夏季光照强烈，晴天多阴雨天少，温度较高，荆条开花前雨量充足，花开旺季天气晴朗，有利于荆条花开得旺盛，更有利于蜂群出巢采集。6月上中旬出现花序，下旬开花，7月上旬进入盛花期，流蜜期持续1个月左右。

北票的荆条蜂蜜品质较高，味甘性平，其蜜色泽明艳，呈半透明琥珀状，结晶细腻乳白，气味清香，口感甜而不腻，久置后色泽加重，具有治病强身两大功用。将新鲜北票蜂蜜涂抹于皮肤上，能起到滋润和营养作用，使皮肤细腻、光滑、富有弹性。将甘油、鸡蛋清、葡萄汁加入北票蜂蜜，再加入面粉，可制成美容面膜。尤其是在冬季，将面膜涂敷于脸上，能使皮肤滑润、柔嫩。优质的北票

北票荆条蜜

北票荆条蜜

蜂蜜在室温下放置数年不会腐败，蜂蜜对链球菌、葡萄球菌、白喉杆菌等革兰阳性菌有较强的抑制作用。常喝北票蜂蜜，可以提高免疫力，治疗感冒、咽喉炎，可缓解神经紧张，促进睡眠，并有一定的止痛作用。北票蜂蜜对肝脏有保护作用，能为肝脏的代谢活动提供能量准备，能刺激肝组织再生，起到修复损伤的作用。北票蜂蜜有扩张冠状动脉和营养心肌的作用，改善心肌功能，对血压有调节作用。中老年妇女正处于钙流失的人生阶段，容易造成骨质疏松，而蜂蜜恰恰能增加雌激素活性，防止钙的流失。还能润肠通便，治疗便秘。还有润肺止咳、解毒、医疮、止痛等功效。蜂蜜直接涂擦在皮肤或伤口上，有消炎、止痛、止血、减轻水肿、促进伤口愈合的作用。

小小蜜蜂、小小荆条花，给北票带来的却是大产业。它成就了北票市的辽宁省最大蜂蜜出口市之名，产品出口到法国、荷兰、英国、西班牙、波兰、比利时等欧洲国家，成功打开了欧洲的销售市场。北票的蜂产品出口份额现已占到欧洲进口中国蜂蜜产品的十分之一，成为东北地区供应欧盟蜂产品的最大生产基地。规范的蜜蜂饲养以及花期合理的采区分配，取得了显著的生态效益、经济效益和社会效益。

# 辽西的"珍珠玛瑙"

## ——朝阳大枣

　　每年十月,朝阳的大枣到了收获的季节,翠绿的树叶间,粒粒大枣像一串串红灯笼,昭示着又一个好年景的到来。朝阳大枣已有近千年的栽培历史,其色泽鲜艳,状如玛瑙,皮薄肉厚,酥脆,酸甜爽口,外形美观,素有"北方玛瑙"之称。甜度脆度居枣中榜首,口感绝佳。每到收获季节,大街小巷流淌着一片枣红色,鲜亮亮的,红彤彤的,十分耀眼喜感。卖枣的朝阳人带着一脸的喜悦,热心地请人们品尝,憨厚地等着一声夸赞。而朝阳大平顶枣果面暗红色,富光泽,果实圆柱形,大小比较整齐,果点小,皮薄,酸甜适口,啖食无渣。

朝阳大枣

　　提起大枣,有名有姓的名品很多,而朝阳大枣保持着低调的奢华,只有吃过了才知道它的好,靠的也是口口相传的口碑。朝阳大枣鲜红、有光泽,咬一口不艮,好嚼,果肉绿白色,脆而甜,入口即碎,易消化。而且它的

朝阳大枣

价格相当亲民，是寻常家枣。

　　辽宁、山西、陕北、新疆几乎都在北纬40多度上，有着共同的气候特点，那就是干旱少雨、光照充分、昼夜温差大，造就了大枣产区。当然还有土壤、水质、气候的差异也影响着大枣的不同品质。朝阳大枣之所以品质独特、闻名天下，除优良的品种和科学的栽培方法外，得天独厚的自然条件是决定因素。

　　朝阳县属于辽宁西部山地丘陵区，位于我国枣树栽培区划定的北部临界线以内，居于北温带大陆性季风气候区，尽管东南部受海洋暖湿气影响，但由于北部蒙古高原的干燥冷空气经常侵入，形成了半干燥半湿润的河谷地带，具有"七山一水二分田"的地理特征。这独特的地理环境非常适宜朝阳大枣现有品种的生长。4—9月枣树生长季节天气温热，日照充足，雨量适中，分布均匀，使朝阳成为

朝阳大枣

我国栽培大枣的最佳气候区域。朝阳四季分明，干旱少雨，昼夜温差大，年均蒸发量是降雨量的4.3倍，有利于糖分的积累，成就了朝阳大枣的甘甜、清脆。6月，枣花期间平均温度25.2℃，是朝阳大枣开花坐果的最佳温度，能确保稳产高产。9月枣果成熟期，晴朗少雨，十分有利于朝阳大枣果肉增糖增色，减少雨裂和浆果，增加朝阳大枣的优质率。

另外，朝阳县的土壤以沙壤土为主，通气性好，有一定的保水能力，为枣树生长提供必备的水分。朝阳大枣产区的钛、钴、锌含量高于其他地区，钛、钴、锌等微量元素在土壤中的含量状况，为朝阳大枣品质的提高提供了相对的潜在供给能力和贮备环境条件。

大枣的吃法多种多样，根据人们各自爱好而定。最简单普遍的吃法就是洗净直接生吃，脆生生，甜滋滋，口感很细腻。比较营养的吃法是，把朝阳大枣放到笼上蒸一下，20分钟左右再捞起，绵软，易消化吸收。东北人喜欢用大枣做点缀，比如做米饭的时候，把干枣洗干净掰开放在饭上一起蒸，口味绝佳。泡茶的时候也加进两粒大枣，茶里有隐约的枣甜。炖牛肉汤、炖鸡汤、炖鱼汤也都放枣，不仅看起来美观，也增加了汤的营养。端午节包粽子时放几粒大枣，黄色的或白色的粽米与鲜红的枣形成对比，煞是好看。过年包饺子时也包上一粒，谁吃到了谁就一年好运气。将枣蘸酒后密封起来，放置一两个月后特别好吃。东北人万物皆可冻，鲜枣直接放冰箱冷冻，年底拿出解冻如新，口感如醉枣一般。

朝阳大枣味甘，性湿，补脾和胃，益气生津，滋心润肺，养血安神，美容悦颜，通九窍，助十二经，和百药，久服轻身延年。民间有"每天吃枣，郎中少找"之说。朝阳大枣中含有大量环磷酸腺苷，对人体细胞起着重要的生理调节作用，可增强心肌收缩力，扩张冠状血管，抑制血小板聚集，并有抗过敏作用。所含维生素P，能

朝阳大枣

朝阳大枣

增强人体细胞的黏着力，提高毛细血管韧性，降低毛细血管通透性和脆性，具有降血脂、抗过敏、强心、利尿、预防脑出血和延缓衰老等作用。所含维生素C，具有解毒、抗炎、抗过敏、增强机体抵抗力和保持皮肤弹性、延缓衰老等作用。所含维生素E，有抗氧化、抗衰老作用。由此可知，"一日三枣，一辈子不显老"的谚语是有其根据的。

朝阳独特的地理、气候及土壤条件，造就了朝阳大枣的优良品质。而朝阳人以守信诚实、埋头苦干、勇于创新的精神，将朝阳大枣做成家喻户晓的知名品牌，用自己的精心守护树立口碑，使"朝阳大枣"成为享誉国内外的一张亮丽名片。

# 桑田万古，小米最补

## ——朝阳小米

一粒米，记录着8000年的谷物秘密；一粒米，承载着8000年的农耕传奇。一碗粥熬出了心里乡愁，一碗粥释放着中国味蕾。红山文化遗址中发现有窖藏碳化谷物，由此推测，朝阳小米的故事可以追溯到5000多年前。在中国人工栽培谷子8000年的历史中，红山文化时期的先人们就开始在朝阳一带种小米。

据说，唐贞观十九年（645），李世民曾御驾亲征辽东，获胜之后班师回朝，途经朝阳松岭门一带，发现这里的小米色泽金黄、颗粒浑圆、晶莹明亮，顿生好感。待到他喝完御厨熬的小米粥后，被小米粥细腻黏稠的口感、浓郁的香气所征服，便把朝阳小米带回了长安大明宫中，除自己享用外，还赏赐给东征的有功将士。

1783年中秋节过后不久，乾隆从盛京祭祖返回京城途中，特地率文武百官前往朝阳凤凰山祭拜龙祖。途中，乾隆闻到米香，原来是一个农夫捧着的热气腾腾的瓦罐里散发出来的香气。于是，乾隆命令身边的太监和宫女试吃。太监和宫女吃后都赞叹这小米饭"口感如肉""香味如茶"。祭拜之后，乾隆住在了朝阳佑顺寺，尝过当地最好的小米后，龙心大悦，命名为"珍珠贡米"。从此，朝阳小米成为贡米。

小米学名"粟"，俗称"谷子"，传说是黄帝发明了小米粥，《周书》中对此也有记载："黄帝始烹谷为粥。"正因为如此，在历史上，

朝阳农民收获小米谷穗

夏代和商代时期的文化也被称作"粟文化"。《朝阳县志》记载："粟，有青、赤、黄、白、黑数色。今本地所种者，色黄赤者，其种出山东河南；白者，种出北地；黑者为辽东种。俗称白者为'凉谷米'，红壳者为'红黏米'，青壳者为'黑米'。"

金灿灿的小米，亮闪闪的光华。中国人对小米怀着一种敬意，它以微小之力爆发出巨大能量，养活了一代又一代国人。一棵谷子，有着极强的生命力，无论是长在贫瘠之处，还是干旱之地，只要有一丝生存的希望，就顽强地向上生长并结出米粒。就像农民说的那句谚语，"只有青山干死竹，未见地里旱死粟"，说的就是谷子。当旱情袭来，其他农作物都会枯黄，只有谷子还绿油油地挺立在田野之中，努力地抽出谷穗，并弯下腰，深深地向大地感恩。这种形象太适合朝阳人的精神内核了，可以说，吃小米饭长大的代代朝阳人，也该得到如此的尊重。

朝阳小米颗粒均匀、香甜可口、营养丰富、食用方便、用途较广，对于治疗肝脏病、心脏病、神经官能症、贫血等有一定辅助作用。可做成美味可口的稠粥、小米发糕、煎饼干、小米锅巴、小米面饼等二十余种不同风味的食品。朝阳小米以独特的土壤、光照、水质条件为基础，利用天然水、农家肥做补充，采用传统的农业耕作方式，精加工制作而成。它的淀粉、蛋白质、脂肪含量都比普通小米高，可溶性糖类的含量、人体必需的8种氨基酸含量丰富且比例协调。朝阳小米的口感极好，用它煮粥煮饭都格外香甜。煮粥，粥黏、香气浓重、口感柔软细腻；做饭，饭香浓郁、弹性强、口感好。如果与其他杂粮混在一起煮，也会吃出小米独特的味道。

好米出自朝阳。朝阳县属于冀北辽西侵蚀低山丘陵地区，以低山、丘陵为主要地形特征。大凌河流域为狭长冲积平原，流域无工业污染，沉积土层较厚，土质肥沃，又与河流相伴，灌溉条件较好，

小米枸杞粥

此区域是朝阳县最好的农业区，人口聚居较密。这里雨热同期，日照充足，昼夜温差较大，晴好天气多，是少有的天然农业生产区。

朝阳小米，其籽粒饱满、米粒均匀、晶莹剔透、色泽光润，呈金黄色或乳白色。朝阳小米采用国内一流的先进设备和工艺，经过谷物清理、除杂、去石、砻谷脱壳、抛光、色选等十余道工艺程序精制而成。经过加工的小米保留了绝大部分营养，避免了小米中维生素B以及微量元素，如钙、铁、硒等物质的大量流失。

小米干饭喷喷香，中国人吃小米的历史十分悠久。小米与大米同煮称为二米饭，也是人们心头所爱。但小米粥更受推崇。以前，小孩感冒发烧，没有胃口，母亲便给孩子熬一碗小米粥，既清淡又营养。家有产妇，坐月子必喝的就是小米粥加红糖，补血益气，被视为最好的补品，所以小米也称为"月子米"，当地人称小米粥为"代参汤"。在民间，人们将小米列为细粮。小米可以与大枣、红豆、红薯、莲子和百合等一同煮食，风味各异，每款都令人念念不忘。另外，小米研磨成粉后，还可以制作出各种各样的糕点，营养丰富、美味可口。此外，将小米、紫米、玉米糌、红豆、绿豆、花生和红枣等一起煮食，营养更加丰富，特别适合食欲不振、肠胃不好和贫血的人食用。

朝阳小米以鲜明的个性、良好的品质以及一定的文化和历史底蕴，成为产业发展势头强劲的优质农产品，日益得到人们的喜爱与推崇。一粒米的故事，已经十分动人，相信朝阳小米未来会更加美好。

# 梨园仙葩

## ——绥中白梨

辽宁省为我国三大白梨产区之一，秋白梨为我国最古老的梨品种，尤其是喜肥水，适宜阳坡沙壤土生长的特性，秋白梨选择了辽西绥中县。绥中县地貌是"六山一水三分田"，西北部多低山丘陵，土壤疏松，排气通水良好，气温雨量适中，为白梨生根、开花、结果提供了优越的客观条件。第十三届中国国际农产品交易会上，绥中白梨凭借果皮薄、果肉厚、果核小、肉质细、脆多汁、甘甜爽口等特点荣获参展产品金奖。

《新唐书·渤海传》记载："果有丸都之李，乐游之梨。"绥中白梨原产于燕山山系，原名"秋梨"。传说，百余年前，绥中白氏祖上为朝廷管理皇家粮田，乡绅白辅臣用杯量土，在瓮泉山下找到种植秋梨的好土壤，栽下了1000多株梨树，果熟后上贡给朝廷，慈禧太后品尝罢，大加赞誉，弥留

绥中白梨

绥中白梨

之际，最想吃老白家进贡的梨，太监传旨为白梨，从此绥中秋梨改称白梨，名扬天下。绥中为果业大县，白梨为绥中县独有品种，已有上千年的栽培历史。在秋子沟一带，300年以上的老龄梨树依然枝繁叶茂，果实累累。

绥中县依山傍海，属于温带半湿润大陆性季风气候，四季分明，日照充足，农业资源十分丰富，是"绥中白梨一县一业"示范县。秋白梨喜肥水，适宜在阳坡沙壤土生长。而绥中水热同期、降水集中、日照充足、季风明显的气候，地形多山丘，山区多沙壤土，无霜期170天左右的自然条件，为秋白梨提供了优良的环境。绥中白梨经过漫长的栽培，形成了五个品系：大核桃秋、小核桃秋、大金座、小金座、肉把。与其他地域的梨子相比，绥中白梨的特点为：果实多呈近长圆形或卵圆形，果实硕大，肉多核小；从颜色上看，果皮黄色，有蜡质光泽，果点小而密；从口味上来讲，果肉较细而脆，汁多，味甜，肉质细嫩，味道甘美。秋白梨的耐贮性也令人称道，贮藏后的秋白梨色愈正并伴生香气，通常可贮至来年立夏以后。

秋白梨营养丰富，含有各种有机酸、蛋白质、矿物质和多种维生素等，除鲜食外，也可以加工罐头、梨汁、梨脯、梨酒、梨膏等各具风味的保健食品。绥中白梨生吃具有生津、润燥、清热、化痰、解酒、止咳等功效。如果榨成梨汁煮开了喝，对体质火旺、喉炎干涩、声音不扬者，能滋润喉头、补充津液。常食白梨可预防便秘及消化性疾病，并净化肾脏，清洁肠道，因而有助于预防结肠癌和直肠癌；还有助消化、润肺清心、消痰止咳、退热、解毒疮的功效。

绥中白梨早已经走向国际市场，曾远销马来西亚、新加坡等多个东南亚国家。20世纪90年代开始，绥中白梨曾因大量使用化肥、农药致使果品质量下降，口感发涩，果个小，可溶性固形物含量低，

绥中白梨

绥中白梨

失去了原品种的固有风味。同时果园管理水平低，树冠郁闭、结果部位外移、病虫害严重，导致秋白梨单产低、品质劣、效益不高，订单量减少，几乎失去市场竞争力。近年来，绥中白梨通过科学栽培与现代化管理，重新焕发了生机，绥中白梨的品牌叫得更加响亮，也赢回了市场。

绥中县提出走"精品农业"路线、建立生态有机农业、打造精品果园的新思路，采取了一系列措施走上科学发展之路，使绥中白梨恢复了活力。为了让土壤得到休养生息，大幅减少化肥使用量，而是改用有机肥。养殖基地里的家禽家畜的粪成为最抢手的有机肥，而残果、秸秆等作为牲畜饲料，形成了良好的生态循环，同时通过秸秆生物反应堆改良土壤，恢复地力。梨园土壤实行覆盖管理，树盘覆盖玉米秸、稻草及田间杂草等，上面零星压土。连续覆盖三到四年后结合秋施基肥浅翻一次，也可结合深翻开大沟埋草。雨季绿色植物茂盛时，利用果园中的杂草或从果园外取来青稞等植物压绿肥，在树冠投影下挖沟进行埋压。行间种植多年生牧草或者自然生草，长高后将草割下覆盖于树盘。上述措施均可增加土壤有机质含量，保持土壤水分，改善土壤环境和提高土壤肥力。为减少农药使用量，果农们利用太阳能频振式杀虫灯杀灭果树害虫，安全有效。为调控土壤水分，及时掌握土壤墒情，分别在花前或花后的幼果期、夏季干旱期、果实膨大期、梨果采收前期、秋施基肥后、入冬前等关键节点进行灌溉控水，还采用滴灌、渗灌和微喷灌、穴贮肥水等节水灌溉措施。采取人工授粉和昆虫授粉方式进行辅助授粉提高产量。提倡推广应用角额壁蜂授粉法提升坐果率、推广一次性疏花定果法。疏花时，一个花序只留一朵下垂的边花。提倡精量定果，即"以树定产、以产定果"。梨果套袋时选择耐风吹雨淋和透气性好的优质专用纸袋。另外，通过新技术改良白梨品质，种植富硒白梨，使绥中白梨的外观优美，口感更好，营养更丰富。

持续不断地创新思维，不断提高果品品质，通过供给侧发力，探索电商平台等互联网销售，使绥中白梨以品质再度赢得市场，不仅受到消费者的喜爱，也重新出口海外。

# 海水孕养舌尖味

## ——营口海蜇

每到六七月份海蜇开捕收获时节，各个海湾渔村千帆竞发、万船并渡的空前盛况开始上演。渔民们劈波斩浪，满怀着丰收的期盼，开始打捞一年的喜悦。大海从未辜负渔民们的辛勤付出，给了他们丰厚的回报。

海蜇是大自然给予营口的慷慨馈赠，毗邻渤海海域环抱成湾的优越地理位置，日照温和、饵料丰富、水温适宜，特别适合绵蜇和沙蜇生长的理想环境，使营口成为我国海蜇的主要产区。世世代代的营口人靠海吃海，出海捕捞、养殖海蜇历史久远，海蜇产量常年位居全国第一。目前，营口海蜇占全国产量的八成，从东南亚到非洲、从俄罗斯到南美，聪明的营口人把世界各地的海蜇运输到营口加工，再销往世界各地，使营口成为全球海蜇生产、加工、贸易、流通集散整条产业链上的核心，实现了"营口海蜇连接世界餐桌"。

海蜇，俗称水母、石镜、蜡、樗、蒲鱼、水母鲜等。海蜇属钵水母纲，是生活在海中的一种腔肠软体动物，体形呈半球状，借以伸缩运动，称为海蜇皮，下有八条口腕，其下有丝状物，呈灰红色，叫海蜇头。海蜇水母体在海洋中浮游生存，栖息于近海水域，半咸水、底质为泥、泥沙的河口附近海域，对淡水有一定程度的敏感性，干旱的年份可随潮进入河道。蜇体呈伞盖状，通体透明，呈白色、青色或微黄色。蜇的伞部隆起呈馒头状，胶质较坚硬，触手为乳

营口海蜇

老醋蜇头

白色。

在风平浪静的海水中，海蜇浮在水的上层或表面，优哉游哉；遇有大风、强光照射或夜晚则活动于水的下层。

聪明的海蜇有自己的避险方式，通过海浪和空气摩擦而产生的次声波接收信息，在风暴来临之前的十几个小时就能感受到，会从海面一下子全部消失。如遇到敌害，就会自动放掉伞状体里的一氧化碳，沉入海底。海面平静后，它只需几分钟就可以生产出气。

美丽的海蜇就是大海的精灵，像一朵伞花，也像一朵蘑菇云漂浮在水里面，轻盈多姿。当海蜇被捕捞上岸，如果处理不当会瞬时化为一摊海水，但智慧的营口人掌握着矾蜇之法并将技艺世代传承。一块不起眼的"小石头"（盐矾）成为营口人的"独门秘籍"，将海蜇的那层红色外衣慢慢搓磨掉，居然变身为洁白质感的白色海蜇，简直太过神奇。

海蜇成为人们生活中喜爱的一道美食，也成为舌尖上的享受。海蜇性平，味咸，通体透明，滑嫩清脆，含有人体所需的多种维生素及微量元素，碘、铁、钙含量很高，低脂、低糖，是一种绿色食品。海蜇有清热解毒、化痰软坚、消肿润肠的功效。海蜇有助于预防肿瘤，扩张血管，调节血压。海蜇配伍荸荠，适用于阴虚内热引起的咳嗽、痰黄稠、口燥咽干及高血压患者。

据《本草纲目》记载，海蜇具有清热解毒、化痰软坚、降压消肿等功能，对支气管炎、哮喘、高血压、胃溃疡等症均有疗效。蜇食味甘、咸，有化痰、软坚、除湿、消积、润肠、安胎等功能。海蜇因有类似乙酰胆碱的作用，因此能够扩张血管，降低血压，还由于含有丰富的甘露多糖等胶质，对防治动脉粥样硬化也有一定的功效。海蜇含碘量很高，能够治疗甲状腺肿大，是补碘高手。对肠胃，海蜇有吸附毒素、滑肠清肠的作用，常吃可以清理肠道，排肠毒，

凉拌海蜇

美容养颜。

提起海蜇的吃法，陈醋蜇头或凉拌海蜇是凉菜的王者担当，可与白菜心、菠菜、黄瓜搭配。做法简单，把海蜇经水浸泡后洗净，切成丝，滤尽水分，将酱油、醋、白糖、味精、麻油、葱、蒜泥、碎花生仁加入，拌匀即可食用。这道菜无论是家常还是盛宴，都端得上台面，丝丝爽滑，酸咸可口，成为解腻、爽口的首选，深受喜爱。番茄海蜇是道炒菜，海蜇泡发洗净切片，西红柿去皮切块，锅内热油，加调料，倒入西红柿翻炒5分钟左右，再加淀粉勾芡，即可起锅。这道菜看起来晶莹剔透，闻起来香味扑鼻，吃起来滑嫩爽脆。营口还加工了即食涮火锅海蜇，通过臭氧杀菌，无菌水脱盐脱矾，无菌包装。这款产品能炒，能涮火锅，能烤，简直是颠覆了人们对海蜇吃法的惯常认知，让食客们的味蕾感到刺激、满足。另外，还推出"即食海蜇头"，肉质非常肥厚，吃进嘴里有嚼劲，像吃肉一样。

"鲜"的滋味无与伦比，也难以描述，是最能挑动味蕾的奇妙味道。没有人比营口人更懂得"鲜"的内涵，它浓缩了海纳百川、兼容并蓄的文化基因，让无鲜不欢的营口人尝尽了人间"鲜"味，可以说那是美食之巅，是舌尖上极致的美。

百年赶潮、千帆竞发的"海蜇渔场"营口，通过2200公顷养殖、培育资源的"海蜇牧场"，从掌握"定身法独门秘籍"的"海蜇工厂"，再到5万"营口海蜇人"遍布全球的"海蜇市场"，不仅成为产业发展中的主角，也站到了世界海蜇市场的舞台中央。他们最值得自豪的是，不仅加工营口产海蜇，还把世界各地的海蜇运输回营口进行深加工，实现了"深加工海蜇卖给全世界"的雄心壮志，正在引领中国海蜇产业的升级之路和国际征程。

# 美食五味酸为先

## ——喀左陈醋

喀左塔城陈醋与镇江香醋、山西老陈醋并称为我国三大名醋。古代秘方和传统酿醋工艺，深井矿泉水和优质高粱，经过固态发酵，以上好的紫砂陶缸陈酿经年而成。"陈醋不含任何防腐剂、冰醋酸。味道独特，入口绵软，甜酸爽口，回香醇厚，无杂邪味和刺激口感。陈醋含16种氨基酸，钙、锌、铁等无机物，葡萄糖和酯类香气，具备几十种生理调节功能以及降血脂血压、美容养颜、解毒杀菌、减肥长寿等保健功能。"因此又有"营养醋""保健醋"之称。

喀左陈醋以传统工艺酿制而成，酸度能达到7度以上。"喀左陈醋外观呈紫黑色，色泽浓厚，澄清透明，无任何人工色素。口感醇香柔和，甜酸爽口，口味醇厚，无刺激性。久贮不腐，而且愈陈愈香。富含多种人体必需的氨基酸、矿物质等营养成分，具有保健养生功能。"

喀左陈醋源于山西。清朝初年，关内连年旱灾，来自山西的运姓人家，随流民拥向关外逃荒，落脚喀左大城子镇，开"大成裕"杂货铺，附设醋酱坊，由此开启了喀左酿醋的历史。1926年版的《凌源县志》记载，"大成裕"商号创建于康熙八年（1669）。康熙二十八年（1689），康熙东巡结束后，从盛京（今沈阳）回京城途经喀左时，他的亲家喀喇沁左翼旗王爷将陈醋献给康熙皇帝，康熙吃后大加赞赏，为"大成裕"商号题写了牌匾。从此，喀左陈醋名扬天

喀左陈醋

下，并得名"贡醋"。此后，从康熙到光绪的200多年间，六七位皇帝都吃过喀左的陈醋，久而久之，"喀左贡醋"的名头也越来越大，行销全国各地。

民国时期，喀左的陈醋鼎盛时期醋酱坊发展到67家，著名的有"广聚成""庆福轩""福兴隆""永庆居"等商号。抗战时期，东北沦陷后，喀左的陈醋生产几近消亡，直到新中国成立后，才得以新生，喀左陈醋从东北三省走向全国。产品主要有老陈醋、礼品醋、贡醋、香醋、风味醋、姜醋、蒜醋、饺子醋及醋饮料等。品牌有塔城、满井、辽硕、辽亨、驰星、麦稻香、香街等。

醋好，首先需要一个地理小气候。据《凌源县志》记载："陈醋，皆能制之，而以大城子（喀左县大城子镇）制者为佳。"喀喇沁左翼蒙古族自治县，简称喀左县，地处辽宁西部，大凌河上游，被誉为"塞外明珠"。这里是红山文化的核心区域，又有丰富的自然资源和独特的人文景观。喀左最优异的条件是，日照充分，纯粮原料，以东北特产优质高粱、玉米为原料。纯粮酿造，因不挥发酸含量相对高而无刺激性，柔和的口感，绵软的回味，令人难忘。

喀左陈醋还有一绝，那就是用上好的当地紫砂陶缸贮存发酵，出产的陈醋口味更佳。紫砂陶器陈酿法是一个创造，国内绝无仅有。紫砂产于喀左，为紫色或绛紫粉砂质页岩及其风化物，平均含铁10%左右，与宜兴紫砂相比也毫不逊色。因此醋经过紫砂陶器酿造，富含多种微量元素。喀左陈醋所用的水出乎人意料，居然是矿泉水。这口井位于喀左大城子镇南部，属天然矿泉水井，这简直就是大地赐予喀左的礼物。清代张穆在《蒙古游牧记》中曾记载这口井："冬温夏凉，昼夜外涌。清澈见底，虽毫发之微，历历可数……用之酿酒，其味尤佳。"好水酿好酒，同样也酿好醋。这口泉水清澈、甘甜、性绵，酿造出的陈醋酸甜适口，酸中微甜，清纯爽口。酿造工

喀左陈醋

陈醋配饺子

塔城老醋深受消费者喜爱

艺则在不断地改良中，具体的亮点在于高粱经加曲糊化后，接入酵母菌进行酒精发酵，并接入醋酸菌氧化酒精为醋酸，加上长时间的发酵，复杂多样的工序，这四样别具一格的特点，样样令人耳目一新，才成就了风味独特的喀左陈醋。

可以说，喀左人爱醋，无醋不欢，与山西人有一拼。酸、甜、苦、辣、咸，五味醋为鲜，是糖醋味的传奇。有了它，去腥解腻，提鲜提香，在炖的汤里加几滴，可促进钙质的吸收；拌凉菜的首席就是陈醋，凉菜才是那个味。在炒菜时加醋，会更加脆嫩，减少维生素C的损失。炖鱼时的灵魂就是醋，去除腥味，保留鱼的营养。吃饺子时必得蘸醋，越吃越香，否则会索然无味。醋能开胃，助消化吸收，使食欲旺盛，消食化积。醋有很好的抑菌和杀菌作用，能有效预防肠道疾病、流行性感冒和呼吸疾病。醋可软化血管、降低胆固醇，是高血压等心脑血管疾病患者的一剂良方。醋有生发、美容、降压、减肥的功效，还可以消除疲劳，促进睡眠，并能减轻晕车、晕船的不适症状。还能醒酒、软化鸡骨鱼刺等。

作为舌尖上的美味，喀左陈醋已绵延了400多年，经过岁月的沉淀，变得越发香醇……

# 白玉出岫，自然天成

## ——岫岩玉

汉代"金缕玉衣"惊艳世界，玉片却多为岫岩玉；明定陵出土的玉器中有不少是用岫岩玉雕琢而成；清宫遗宝里大量精彩绝伦的艺术品也是岫玉。由此可见，岫玉在玉文化中的地位不可撼动。这不仅因为岫岩玉成矿年代较早而愈显珍贵，也因岫玉的品质是顶流。据考，岫玉平均年龄17.7亿年，属于元古代，是中国玉文化史上开发最早、最悠久的玉种。辽宁海城小孤山仙人洞旧石器遗址中出土的三件浅绿色玉质、打制工艺制成的砍斫器，距今12000年；内蒙古兴隆洼文化遗址的岫岩玉器，被学界认定距今8000年，足以证明人类最早使用的玉是岫岩玉。而岫玉的开发利用达到辉煌是北方红山文化时期，距今5000多年。考古发现黄河中下游及长江流域等新石器文化遗址出土的玉器中，也多有岫岩玉器的身影。从新石器中期到夏朝的出现，被称为"神玉时代"，岫岩玉是光芒四射的主角，也是中国"四大名玉"之一。

"玉"在中国文化中与人性紧紧结合在一起，做人的最高境界是"谦谦君子，温润如玉"，玉的形象与质地符合中国人的"君子"标准。玉是内敛的，而非张扬的；玉是温润的，而非粗鄙的；玉是含蓄的，而非外露的，所有这一切，都是中国人对美的最高期许。藏锋于内而非形于外，契合了人玉合一的圆润与通透。

辽宁省岫岩县位于辽东半岛的北部，是个"八山半水一分田，

岫岩玉

峭岩玉

半分道路和庄园"的山区近海县，其得天独厚的地理优势和自然资源享誉海内外，已探明储量的矿藏有42种，其中菱镁石、玉石、理石、滑石、花岗石、硅石量多而质好，享有岫岩"六大宝石"之美誉。岫岩玉储量和质量居全国之首，被誉为"中国国石"。

一块玉的神奇之处，不仅在于它的美，还在于它能与人体发生微妙的关系。随着与皮肤的长期接触，玉会变得更有光泽，更加温润，人与玉互相滋养，人玉合一。这是因为岫玉内部含有硒、锌、镍、钴、锰、镁、钙等多种对人体有益的微量元素。长时间佩戴岫玉饰品，人体会吸收岫玉中的多种矿物质，对人体有补充的作用。佩戴岫玉能缓解头痛、头晕的症状，增强人体记忆力，使人变得有精神，帮助睡眠，减轻神经衰弱，对高血压、脑血管动脉硬化等有缓解作用。女性历来与玉是绝配，美女如玉也是中国人的审美意趣。一块颜色亮丽、质地优良的玉佩，不仅代表着鲜明的个性、婉润的气质，还是比较好的护肤品，起到减少皱纹、祛斑、养血护肤的作用。

岫岩玉山水孕育，自然天成。它坚韧，细腻，光泽明亮，色彩多样，有极高的透明度，净度纯，密度好，是玉雕作品最理想的材料。岫岩玉的老玉也称作河磨玉，属于透闪石玉，其质地朴实、凝重，色泽淡黄偏白，是一种珍贵的璞玉；而岫岩碧玉，其质地坚实而温润，细腻而圆融，多呈绿色至湖水绿，其中以深绿、通透少瑕为珍品。岫玉被制作成各种玉器成品，从花鸟虫鱼到飞禽走兽，从山水到人物，岫玉雕品包罗万象，不仅登上大雅之堂，也摆放于寻常百姓家，更成为男女老少随身佩戴之物。从重达两百多吨的鞍山玉佛到一个小挂件，岫岩玉在玉石市场上占绝对份额，那碧翠之色不仅能够抚慰人们的眼睛，也能够抚慰人们的心灵。

一块好的岫玉，如果肉般洁净细腻，如凝脂般光泽油润。镜下

岫岩玉

为纤维鳞片变晶结构，少数为束状或鳞片或细粒变晶结构。叶蛇纹石和纤蛇纹石为主，少量的白云石、透闪石和橄榄石点缀其中，如梦似幻。岫玉颜色中透明如朗日青天、半透明如云山雾罩、不透明如云遮明月。透明度最高的当数蛇纹石。同时也因颜色的深浅致使透明度高低不同，色浅则高，色深则低。岫玉颜色主要为深绿、绿、浅绿、黄绿和白色等，其次为烟灰色、黑色及花斑色。岫玉的最大特点是颜色丰富多彩，硬度低利于加工雕刻，所以，一些大型玉雕座件均以岫玉为主。与和田玉相比，岫玉呈蜡状光泽，光弱，低于油脂光泽的和田玉，但和田玉透明度不如岫岩玉高。当一束手电筒光束照进岫岩玉时，可以感觉到通透感，犹如一束月光穿透飘浮着的云朵，妙不可言……

岫玉可以分为两大类，第一类叫老玉，颜色浅淡，淡黄偏白。第二类叫碧玉，绿色较深，通透度好，没有瑕疵。如果从颜色上分，岫岩玉还可以分为碧玉、青玉、黄玉、白玉、花玉等十几种；按产地类型分，可以分为井玉、坑玉、石包玉、河磨玉等；按产地分，有瓦沟玉、细玉沟玉等。

鉴别一块岫玉的成色，首先看颜色。岫岩玉色彩太过丰富，红、绿、黄、白、黑等，深浅不一，富有变化。要"淡妆浓抹总相宜"，说的是适度，太浓太淡都不好，只要颜色浓度适中，鲜亮柔和就好。再看透明度，当然全透明品质最好，半透明已很珍贵。从质地看，以玉质温润细腻为好。最后看净度，无杂质无瑕疵无裂纹为好。

在漫长的历史长河中，中国的玉文化经历了神玉时代、王玉时代到民玉时代的变迁，玉也从"神"向"人"转化。《山海经》就这样记载：人需要以谷物、肉类和果实为食物，黄帝以"玉膏"为食物，神灵以"玉"为食物。那时期的玉也成为祭祀神器和图腾崇拜。到了王玉时代，玉器成为帝王统治、奴役百姓的工具与象征，只为皇权服务。到唐宋以后，"旧时王谢堂前燕，飞入寻常百姓家"，玉器才摆脱了皇权走下神坛，大量融入民间，终于到了民玉时代。而当今盛世国泰民安，琢玉业更是百花齐放。世间再无一物能像玉器一样，远可欣赏近可亲近，雅俗共赏。凭着总储量位居全国第一、出产量占到全国70%的底气，更凭着优质的口碑、精湛的工艺、丰厚的文化底蕴、美好的寓意、东方之美者的赞誉，岫岩玉日益受到人们的喜爱，必将拥有更加辉煌的未来。

# 玛瑙原乡，美不胜收

## ——阜新玛瑙

查海人（阜新人）应该是世界上最早认识玛瑙的人群。查海遗址中出土的玛瑙刮削器，距今已7600年。阜新清河门，一座辽代墓葬出土的珍宝莲花式盅、酒杯、围棋、玛瑙管珠项链，距今已1000年。清代有一个村庄因向乾隆皇帝六十大寿进献"佛光玛瑙朝珠"而得封名，它就是今天的七家子乡宝珠营子村，距今200多年。从此，清代宫廷所用玛瑙饰物和雕件的用料及工艺大部分来自阜新，其玛瑙行业逐渐繁荣。

阜新有着悠久的玛瑙文化底蕴，从辽代开始，阜新民间采集、加工玛瑙的生产活跃起来，到清代达到鼎盛期。民国时期，时局动荡，民生凋敝，阜新的玛瑙业也随之陷入低谷，直至新中国成立后才获新生。在中国历史博物馆里，一座珍贵的玛瑙雕刻作品《水帘洞》巧夺天工，精致大气，见过的人无不为它的晶莹剔透、俏色生姿、技艺精湛而赞叹，它就是1974年出自阜新苍土镇的水胆玛瑙，重达30公斤，实为罕见。而今，玛瑙业已经成为阜新的传统产业，尤其是当年因进贡而得名的七家子乡，练就了打钻掏膛、取链活环、肩耳制作、透雕活球、装饰雕刻等绝活儿，不仅雕刻工艺门类齐全，素活工艺还在同行业中处于领先地位。

阜新玛瑙雕分为雅活和素活两大类。雅活指人物、花卉、动物、山水的雕刻，素活表现的是中国传统的造型艺术，指仿古器物的雕

阜新玛瑙

阜新玛瑙

刻。从事玛瑙素活要求很高，不仅要通晓古今中外的雕刻史，还要对我国传统玉文化有较深的研究。它还是一门综合艺术，是雕刻、绘画、书法、篆刻的融会贯通。阜新玛瑙雕刻以素活见长，运用圆雕、浮雕、镂空雕、阴刻雕等技法，制成巧夺天工之作。纹饰图案古朴精致，纹样繁多，常用的有饕餮纹、夔纹、龙凤纹、鸟兽鱼虫纹、几何纹等。阜新玛瑙素活强调质地与俏色，比如仿制商周的青铜鼎，就是以俏色来诠释"一言九鼎"的内涵。

阜新玛瑙雕刻的艺术特色为巧、俏、绝、雅。巧，为灵气灵动；俏，为天地造化自然成；绝，为出神入化意料外；雅，为清新脱俗气自华。所以，阜新玛瑙作品不仅格调高雅，还体现出审美价值与文化内涵。

阜新玛瑙色泽丰富，纹理瑰丽，品种齐全，其中最著名的是水草玛瑙，最珍贵的是水胆玛瑙。阜新的红玛瑙和绿玛瑙手镯也是非常珍贵的。

水草玛瑙也可以称为天丝玛瑙，天然的纹理仿佛水草在水中摇摆，有绿色、紫色和黄色，有着飘荡的动感。大块的水草玛瑙因少见而更具有艺术价值和收藏价值。世界上最大的水草玛瑙重达39.7吨，就出现在阜新，令人惊叹其精美绝伦，水草隐约飘浮其上，纹理清晰可见，实为稀有珍品。

玛瑙属中档宝石，其色彩浑然天成，条带花纹美不胜收，是雕刻的理想材料。玛瑙有"玉黄金"的美称，其材质本身就具有收藏价值，古代用于辟邪镇物，象征友善、吉祥和富贵。玛瑙形成的时间十分悠久，一亿年以前地下岩浆由于地壳的变动而大量喷出，熔岩在空气中被冷却后与其他气体形成气泡，之后被岩石冻结后形成大量洞孔，后期被融入二氧化硅溶液，以及铁岩石的可溶成分，最后形成玛瑙。玛瑙本身具有坚硬、致密细腻、形状各异、光洁度高、颜色美观而且色彩丰富等特点，是雕琢美术工艺品的上等材料，加上手工艺者的奇思妙想、巧夺天工，使玛瑙成为超凡脱俗的艺术品。

在珠宝行中有一句俗语："玛瑙无红一世穷"，说明玛瑙的红色是其灵魂所在。雕者心心念念的那一抹红，其实并不多见，且色层较浅，故玛瑙中的红色多为烧红玛瑙。其红色有正红、紫红、深红、褐红、酱红、黄红等。此外，色红艳如锦的称锦红玛瑙，红白相掺的称锦花玛瑙或红花玛瑙。玛瑙雕刻以色彩互为衬托，巧妙地运用颜色和纹理，可以使普通的玛瑙跃升为宝贵的艺术珍品。

阜新玛瑙是一种玛瑙植物，可以用来泡茶喝，具有一定的药用价值，可以起到补气安神、止咳平喘、调节血脂、改善睡眠质量等作用。

在东方，玛瑙是七宝、七珍之一。阜新玛瑙质地优良，色泽鲜亮，纹理精美，品种齐全，出产的水胆玛瑙十分珍贵。特别是其雕件，以"巧、俏、绝、怪、新"的艺术风格而深受推崇。阜新玛瑙资源储存量丰富，占全国储量的50%以上，有着"玛瑙之乡"的美誉。

# 煤之精华，镌刻时光

## ——抚顺煤精

古往今来，人们对"玉"的赞美不胜其数。玉石之美，汇聚的是天地之精华、山川之光华。古人将玉作为正直、优雅、洁净、美德的代名词，更是正人君子的写照。那句"谦谦君子，温润如玉"就是最好的证明。玉兼顾了两种品质：温润与坚硬，这两种质地糅合在一起，就是对玉的最高评价。而玉如其人，美玉无瑕，也是人们对完美人格的定义。

玉，石之美者。有一种玉叫煤精，也称煤玉、石墨精、石涅精，是抚顺西露天矿独有的珍贵特产。在5000万至7000万年之前，抚顺还被一片繁茂的森林覆盖着，主要由柞、桦、松、柏等硬木组成。这些森林富含油脂，经过洪水冲刷，沧海桑田被深埋于地下，再经过高温和地下压力的泥化作用，使之成为一种黑色的结晶体，便形成了煤精。它是木质细胞结构，显微镜下可辨树木上的隐约年轮线。它夹杂在一般煤层的中间，却比煤还坚韧，比煤还轻。所以它的质地是坚硬而细密的，闪烁着黝黑的光泽，又像黑色的绸缎一般高贵、优雅，实为大自然的慷慨馈赠。

煤精属稀有煤种，珍稀矿产。它的分布有限，数量更有限，这也是抚顺独有的天然矿产资源。抚顺煤精质地坚硬、结构细腻、油性十足、硬度与亮度上乘，具有宝石特征，成为煤精上品，备受雕刻者青睐，也是大型煤精艺术品的最好材料。

抚顺煤精

抚顺煤精

明代于谦曾在《咏煤炭》中这样写道："但愿苍生俱饱暖，不辞辛苦出山林。"赞叹了煤炭为天下苍生燃烧自己的奉献精神。而煤精一般不作为取暖之用，而是作为稀缺材料从煤层中分离出来，再经过一把把刻刀的精心雕刻，它就不仅是一块宝石了，被赋予了天地的灵气、情感的浸润，便成为一件有着灵动气息的艺术品。从飞禽走兽、花鸟鱼虫、人物，到文房四宝、烟具、配饰，煤精雕刻传承着6000年来积累的技艺，还有人们对美的向往。当活灵活现的煤精雕刻作品完成，那精美的造型、鲜活的人物、丰富的想象，是大自然送给人类的宝贵礼物，让我们油然生出感恩之情、敬畏之心。

煤精制品，包括圆珠、圆泡形饰和耳珰形饰等，出土于沈阳新乐新石器时代遗址中，7000多年的雕刻技艺，传承从未间断。有专家认为，煤精是从古浑河漂流而来，新乐人在河边采集的，也有人认为是7200年前通过部落间物物交换来到新乐遗址的。而现代的煤精雕刻工艺则起源于清末，由雕刻艺人赵昆生及其弟赵景霖开创。得天独厚的自然资源和工艺传承，哺育了抚顺一代代优秀的煤精雕刻艺人。他们以精湛的技艺、深厚的传统底蕴、独特的地域文化、新颖的款式、梦幻秀的图案和高远的立意将煤精雕刻推向高峰，使其成为熠熠生辉的艺术品。2008年，煤精雕刻被批准列入第二批国家级非物质文化遗产名录。

煤精雕刻讲究的是"一奇、二特、三绝"。所谓的奇，指的是天下奇观，即抚顺煤精为大自然造化，原料世间仅有，工艺独一无二。这是地下宝藏与人类工艺的完美结合，是人类智慧与岁月精华的奇妙融合。

所谓的特，指的是材料。在抚顺的三十里煤海里，只有西露天矿产煤精，这就奠定了它的稀缺性和独特性。举世无双的原料与工艺品种，造就了举世无双的煤精雕刻艺术。

抚顺煤精

所谓的绝，指的是独家工艺，世界一绝。除了煤精产地寥寥，煤精雕刻工艺除抚顺也是再无可言，从而形成了抚顺煤精雕刻技艺作为独门绝技的唯一性。

其实，说一千道一万，雕刻艺人依靠的还是手感，就是人与物的勾连、灵感与材料的碰撞。就地取材，相料取形，以形提神，才能成就一部浑然天成的伟大作品。或者说，一件上品是可遇不可求的，是人与料的融合，是心与灵的感应。

古朴生动、天作其成、神来之作，这样形容一件煤精艺术品并不为过。一块煤精，要根据其颜色、纹理、煤精屑来判断其致密度与裂纹情况，再经过奇思妙想的构思、以往经验的运用、手感的把握，并融进人的情感、想象与创造，才能完成最初的定型工序。运用的传统工具如"圆铲""扁铲""刨子""手捻钻""搓板"等，以及技法如"砍""铲""走""抢""磨""抛""滚""擀""剁""刨""钻""搓"等，每一环节都不可替代，都是继承了古老而精湛的雕刻传统。"砍"即确定大致图样，定形工序即"铲"，再进一步细雕，称为"走"，雕出局部的细节，使其生动传神。然后进行粗磨工序，即"抢"，使表面平滑。最后是抛光，以细致的抛光慢慢磨出光华，最后达到一种独特的磨砂感。

抚顺煤雕作品分为人物、动物和素活三大系列，品种达200多种，代表作品都具有独特的地域特色与鲜明的中国文化特征。2008年初，被文化部公示为第二批国家级非物质文化遗产名录。煤精艺术品是大自然的馈赠，是百年的匠心，是文化的自信，是煤都的故事，更是中国的故事。因为抚顺不仅是中国昆虫琥珀的唯一产地，也是世所罕见的煤精产地，那沥青和金属般的光泽，实属稀有，煤精雕刻的艺术价值也正在得到国内外的重视，日益放射出夺目的光芒……

抚顺煤精

在中国人看来，玉作为美的理想，并不在于它的绚烂辉煌，而恰恰在于它的沉静与淡泊之美。玉之美，在于个性美、含蓄美、温润美。中国人追求玉石的光辉，因为其内在的坚韧。所以煤精雕刻有着微弱的玉石气息，温暖的木质性情，清澈的山水境界，细腻的女性之灵，其外观柔弱、内在坚韧的品格，正好符合东方的审美需求。

世人公认，煤精以产自辽宁省抚顺市的为最佳，是辽宁特有的工艺宝石之一。 这些散发着奇异黑色光芒的黑金奇珍，其雕刻的精品，传承了7000多年的地域文化传统和工艺技能，闪烁的中华文明的灿烂之光令人炫目，雄浑中透着灵秀，沉稳中显出神秘，苍劲中体现细腻。时光的流转、智慧的开启、技艺的传承，都展现了人类那古老的审美和灵动的气息。煤精雕刻的魅力，带领我们追寻历史的脉络、感受自然的造化、引发灵感的火花，在每一次与作品的相遇中，都能被其深深感动并因为时光的淘洗，而触摸到岁月的痕迹、领悟到艺术的真谛。

# 世间珍宝，璀璨如初

## ——本溪辽砚

声音清脆，"叩之如铜"，说的是辽砚。请看它的色系：翠绿、绛紫、骆青、紫绿相间四种色调。再看石品，按纹理可划分为赤柏纹、紫袍绿带、金镶玉、龙眼、静绿等。辽砚充分体现了层次变化的立体美。色泽对比带来的差异，随性率真富有创意的雕刻风格，成就了独一无二的辽砚品质。

这是上亿年的演变，是紫云石和青云石的传奇，两种奇石惊现辽宁省本溪市南芬区，仅此一地。这也是本溪独有的地质地貌为人间捧出的珍宝，与岫岩玉、阜新玛瑙一起成为辽宁"新三宝"。此砚受到这样的赞誉："滑而不流墨，涩而不磨笔，养墨为群砚之首"，可谓评价颇高。上等的石材还需顶流的创作与雕刻，才能展现其风流本色。青蓝色的石材淡如清风，徐徐送来凡缥紫红色的云烟，那是天然的纹理，如青天里一抹霞光飘浮于砚台之上，空灵飘逸。如果拥有这样的一方砚台，怎么能不文思泉涌、下笔如有神？

早在清朝康熙年间，就有《西清砚谱》《格致镜源》如此记载："盛京之东，砥石山麓，有石垒垒，质坚而润，色绿而莹，纹理灿然，握之则润液欲滴。有取作砺具者，朕见之以为良材也！命工度其大小方圆，悉准古式，制砚若干方。磨俞糜试之，远胜绿端，以志其事。"足见康熙对辽砚的喜爱程度。

好的砚台通体细腻、润滑无痕、造型美观、布局匠心、图纹优

本溪辽砚

本溪江砚

本溪辽砚

美、石纹俏色、清新怡人。听其声音，清脆悦耳，古人讲究"叩之如铜"，手抚砚池平而光滑。而辽砚尤其讲究砚池与砚盖的吻合，虽经岁月淘洗而终不变形。

中国的文房四宝，是文人墨客最爱，其中以砚台最为久远。砚，如镜，观其行。砚，如器，容于德。砚，如春，涵其情。大文豪苏东坡一生喜砚，临终想以紫金砚陪葬。他从砚台中看到的是君子之德，他的砚铭这样写："尔本无名，托乎云水，云尽水穷，唯一坚粹。"而《奉天通志》物产篇描绘辽砚："青如碧玉，紫若沉檀。"不禁想象，如果当年苏东坡也能得到辽砚，不知该如何书写砚铭。可惜，辽砚兴于辽金时代，后来一度失传。

辽砚的出彩处在于砚台盒子上有盖，可养墨。1998年初，两方雕饰精美的龙凤砚被发掘出土，在明代贵族棺木中，一些葬品早已化为尘埃烟消云散，唯有一方辽砚完好。掸去泥土揭开砚盖，那令人惊叹的一幕出现了：砚台葬池间的墨汁依然在，而且能濡湿毛笔笔尖。这场景不禁让人动容，可想而知当年墓主是如何喜爱这方砚台，如今人成灰，砚还在，仿佛那人的灵魂也存放于这墨汁之中，得到了永恒。

1929年，全国首届西湖博览会上，一方辽砚大放异彩，引得关注，谁也想不到辽砚横空出世，成为博览会上的传奇。这方砚是张学良将军亲自下令征集来的，从此"南为端砚，北为辽砚"的称谓传遍四方。张学良将军与其蒙师白永祯和赞为：

> 关东山里奇宝开，
> 蓝天红霞凝石材。
> 能工巧匠雕辽砚，
> 珍品独秀四宝斋。

传统特色的砚雕技艺，是以点、线、面的特点，充分利用石材的天然条件施以刀工，辽砚雕刻有其独到之处，经过总结有三点。一是美色，凭色施技，主要是把握石材原有的特色，顺应色彩变化。二是美工，就石造型，在雕刻中保留石材的天然形态，以返璞归真为最高追求。三是美观，观赏效果，突出创意发挥，不拘一格，不唯模式，只要随心挥洒，任性打磨。

辽砚的制作复杂、精细，需要好的石材，更需要好的工匠。主要工序有选石、切割、制坯、开膛、取盖、落图、雕刻、合口、打磨、上光、配盒等。选石就是观其石质、石色、石纹，再叩石听音，以清脆响亮为佳。切割时要去掉烂石，避开瑕疵。制坯是观察砚石的整体形状、纹理颜色，开始构图。取盖包括"取"与"配"。"取"是剖开，"配"是指将砚底和砚盖合二为一。落图是在粗坯砚石上勾画设计草图。然后最艰巨的雕刻开始。不同的工具齐上阵，各种刀具轮流使用，完成浮雕、镂空雕、透雕等工序。合口是将砚底、砚盖相扣合，必须达到启合自如，严丝合缝。打磨就是用砂纸、砂布、抛光棉等进行抛光处理，直至手感滑腻、石纹清丽。上光打蜡，在砚上打蜡或油敷，使纹络清晰，雕工更逼真，色彩更鲜艳。最后再配上松、榆、柳等配盒，一方光彩夺目的辽砚就此完成，如此的精致也成就了辽砚的美名，与端砚、徽砚并列为中国三大名砚。

辽砚是中华文化的艺术瑰宝，我们欣赏它的美，带着一种古老的气息，令人陶醉。同时也有一种浓郁的书卷气，讲述着一滴墨与一支笔、一张纸、一个人的默契与濡染。其砚石石质为一种特殊的石灰沉积板岩，青云是藻类植物的身影，紫云则是泥沙的沉积。本溪曾是退海之地，沧海桑田，地壳运动，把一些藻类植物和泥沙掩埋，成为砚台上的缥缈云影。它"不伤毫不跑墨，养墨为群砚之

本溪辽砚

首"。而在雕刻技法上，雕刻师们已不再拘泥于传统的套路，而是集"南砚"的精细与"北砚"的豪放，细微之处见功夫，整体上见气势与格局，又注重自然天成。每个砚台，似乎都在讲述一首诗、一个故事、一段文字、一种文化。

# 这里是

# 风物

## "山海有情　天辽地宁"
## 文体旅融合出版

『声』临其境

听有声书，
聆听辽宁古今文化

『视』觉盛宴

配套视频，
在线博览辽宁魅力

扫码云游

『图』说辽宁

高清摄影，
带你品鉴辽宁风情

辽宁

音频、视频等以图书内容为基础，有改动